선생님이 만든

# 좔좔 글읽기

·········

1권 실용글, 설명글

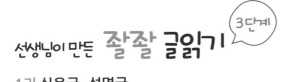

선생님이 만든 좔좔 글읽기 3단계

1권 실용글, 설명글

**초판 1쇄** 2015년 3월 20일
**초판 2쇄** 2022년 9월 15일

**지은이** 서울경인특수학급교사연구회

**펴낸이** 방영배
**디자인** 신정난
**펴낸곳** 다음생각

**주소** 경기도 고양시 일산동구 중앙로 1261번길 19 호수광장빌딩 204호
**전화** 031-903-9107  **팩스** 031-903-9108  **이메일** nt21@hanmail.net
**출판등록** 2009년 10월 6일 제 2019-000144호
**인쇄** 현문 **종이** 월드페이퍼
ISBN_(전 3권) 978-89-98035-37-2 (64700)

# 책이 나오기까지

〈서울경인특수학급교사연구회〉는 통합교육과 특수교육의 여건이 제대로 마련되지 않았던 90년대 초에 서울, 경기, 인천의 초등학교 특수학급 교사들이 모인 이래 지금까지 계속되고 있는 연구 모임입니다. 그동안 함께 모여 공부하고 올바른 교육의 방향에 대해 고민하면서 새로운 통합 프로그램 등을 만들어 보급해 왔습니다. 어떻게 하면 좋은 수업을 할 수 있을지 연구하여 여러 가지 수업 자료를 개발하기도 했습니다. 『선생님이 만든 좔좔 글읽기』도 이런 고민과 연구 과정을 거쳐 나온 책입니다.

읽기를 배우는 데 오랜 시간이 걸리는 아이들의 경우 좋은 교재와 다양한 방법으로 가르쳐야 함에도 마땅한 자료와 프로그램이 없어 고민이 많았습니다. 그래서 연구회 교사들은 2010년부터 국어교육에 관한 연수를 들으며 국어 교육과정을 분석하고 국어의 각 영역별 목표 체계를 정리했습니다. 회원들이 각자의 국어 수업 사례를 발표하며 좋은 국어 수업 방법에 대해 고민한 끝에 2012년에 읽기 이해력 향상을 위한 자료를 만들었습니다. 총 25명의 현장 교사들이 직접 글을 쓰고, 읽기 이해 문제와 관련 활동지를 만들었습니다. 이 읽기 교재를 수업에 활용해 보니 아이들이 흥미 있게 수업에 참여하고 독해력이 향상되는 것을 알 수 있었습니다. 그동안 아이들에게 맞는 자료를 일일이 수정해 만드느라 애썼던 선생님들도 이 자료를 활용해 훨씬 수월하게 활동적인 수업을 할 수 있었다고 합니다.

이 책을 출판하기까지 많은 시간과 노력이 필요했습니다. 그 과정에서 여러 사람들에게 도움을 받았습니다. 덕원예고에서 미술을 전공하는 학생들이 약 1,200컷의 그림을 정성껏 그려 주어 책의 내용이 더욱 풍부해졌습니다. 그리고 도서출판 〈다음생각〉에서 의미 있는 결정을 내려 준 덕분에 이 책이 만들어질 수 있었습니다. 자원봉사로 수고해 준 덕원예고 학생들과 편집 작업에 애써 준 〈다음생각〉 출판사 분들께 깊은 감사를 드립니다.

여러 아이들의 다양한 특성에 맞는 단 하나의 교재란 있을 수 없습니다.
다만 『선생님이 만든 좔좔 글읽기』가 특수학급, 특수학교, 또 다른 교육 현장에서 국어 수업을 좀 더 풍요롭게 할 수 있는 자료가 되면 좋겠습니다. 아이들이 이 책으로 재미있게 공부할 수 있기를 바랍니다.

서울경인특수학급교사연구회

# 책의 특징

우리나라 아이들은 일찍부터 한글을 배우기 시작하여 초등학교에 들어가기 전에 이미 글을 줄줄 읽는 경우가 많습니다. 이를 반영하듯 초등학교 국어 교과서는 처음에 낱자 학습 및 단어 읽기를 다루다가 난이도가 급격히 높아집니다. 1학년 1학기 말쯤 되면 실제로 10문장 이상의 긴 글을 읽을 수 있어야 수업을 따라갈 수 있습니다. 한글을 깨치지 못한 상태로 입학하는 아이들의 경우 국어 수업에서 어려움을 겪을 수밖에 없습니다. 따라서 이제 막 문장 읽기를 시작하여 글을 유창하게 읽고 이해하는 데까지 많은 시간이 걸리는 학생들의 특성을 고려한 적합한 교재가 필요합니다.

이 교재는 학생의 연령에 맞는 좋은 문장으로 학습자의 속도에 맞게 읽기 이해력을 높일 수 있도록 개발하였습니다. 읽기를 배우는 데 오래 걸리는 아이들도 좋은 글을 읽고, 글에서 정보를 얻고, 글을 읽는 즐거움을 가질 수 있게 하고자 합니다.

　1. 짧은 글을 읽고 내용을 이해할 수 있도록 다양한 활동으로 구성했습니다. 문장 읽기 수준에 있는 학생들은 누구나 이 책으로 독해 공부를 할 수 있습니다. 특수학급이나 특수학교에 재학하는 초·중·고 학생, 읽기에 어려움을 가지고 있는 학습 부진 학생, 한글을 배우기 시작하는 다문화 학생이나 재외교포를 대상으로 하는 한글교실에서도 사용할 수 있습니다.

　2. 각 단계는 읽기 이해의 수준별로 분류해 제작하였습니다. 1단계의 목표는 1~2문장을 읽고 이해하는 것이며 마지막 4단계의 목표는 글의 구조를 이해하는 것입니다. 단계에 따라 글의 길이, 문장과 어휘의 난이도, 질문의 난이도가 높아집니다.

　3. 다양한 종류의 글을 접하도록 제시하였습니다. 생활글, 실용적 정보를 주는 글, 문학 작품(시, 이야기), 노랫말, 일기, 설명글 등 다양한 글을 통해 읽기 이해력을 높이도록 하였습니다. 초등국어교육과정의 목표와 내용체계를 고려하였고 초등교육과정에서 다루는 주제를 선정하여 교사들이 직접 글을 썼습니다. 그림책이나 시와 같은 문학 작품을 선정한 경우에는 전문을 제시하여 학생들이 문학 작품 전체를 느끼도록 하였습니다. 실생활에서 정보를 주는 글을 바로 읽고 활용할 수 있도록 실용글 읽기를 제시했습니다.

　4. 읽기 이해 능력을 중심으로 접근하지만 듣기, 말하기, 쓰기를 함께 배울 수 있도록 다양한 활동을 제시하였습니다. 읽기 이해 능력은 읽기 기술만을 따로 가르치는 것에 의해 향상되지 않으며 다른 영역과 총체적으로 접근하는 것이 바람직하기 때문입니다. '글마중, 신나는 글읽기, 이야기 돋보기, 낱말 창고, 우리말 약속, 뽐내기'라는 꼭지를 두어 활동적인 수업이 되도록 제시하였습니다.

　5. 읽기를 천천히 배우는 아이들의 특성을 고려하여 충분히 공부할 수 있도록 단계를 세분화하였습니다. 학생들의 연령과 특성에 맞게 선택하여 제시할 수 있도록 같은 수준의 자료를 다양하게 준비하였습니다.

# 책의 구성

**글마중**

'글마중'에는 배워야 할 전체 본문을 제시했습니다. 읽기가 서툴러 짧은 글을 읽는 아동이라 하더라도 국어 교육 목표에 따라 문학 작품 등을 부분만 제시하는 것은 바람직하지 않습니다. 아직 술술 읽는 것이 어렵지만 읽기를 재미있게 받아들일 수 있도록 완성도 있는 짧은 글을 그림과 함께 제시하였습니다.

**신나는 글읽기**

'신나는 글읽기'에서는 본문의 내용을 쉽게 파악할 수 있도록 글에 관련된 여러 활동을 제시하였습니다. 다양한 방법으로 읽기, 그림으로 전체 내용 파악하기, 내용과 관련된 듣기·말하기 활동 등으로 구성되어 있습니다. 이 꼭지를 통해 아이들은 읽기 활동을 재미있게 느낄 것입니다.

**이야기 돋보기**

'이야기 돋보기'는 문장의 구조를 활용하여 내용을 파악하기 위한 반복적인 연습문제로 구성되어 있습니다. 본문의 문장을 나누어 제시하고 글의 내용에 관한 질문에 답하도록 문제를 제공하였습니다. 단계에 따라 문장의 길이, 문제의 난이도, 단서 수준, 답을 쓰는 방법을 달리하였습니다.

**낱말 창고**

'낱말 창고'에서는 본문에 있는 낱말 중 어려운 낱말을 선정하여 낱말 뜻 익히기나 쓰기 활동, 맞춤법, 어휘 관련 활동을 제시하였습니다. 본문의 낱말과 관련된 여러 어휘를 제시하여 어휘력 향상을 꾀하였습니다.

**뽐내기**

'뽐내기'는 본문과 관련된 다양한 쓰기와 표현 활동으로 구성하였습니다. 반복적인 쓰기 연습만으로는 아이들 스스로 쓰기 표현을 즐길 수 없습니다. 글마중의 내용과 관련된 쪽지도 쓰고, 그림도 그리고, 만들기도 하면서 쓰기를 즐겁게 느낄 것입니다. 1단계에서 문장 완성하기부터 시작하여 마지막 단계에서는 글의 주제와 종류에 따라 글을 쓰는 방법까지 다루게 됩니다.

**우리말 약속**

'우리말 약속'에서는 아이들이 익혀야 하는 말본지식(문법)을 이해하기 쉽게 제시하고 반복 연습을 통해 익히도록 합니다. 자모음 체계 익히기, 품사와 토씨(조사) 등의 문장구조 익히기, 어순대로 쓰기, 이음말(접속사) 익히기 등 말본지식을 활용할 수 있도록 다양한 활동을 제시합니다.

# 책의 꼭지 활용 방법

- 〈글마중〉에 나온 글을 다양한 방법으로 읽게 해 주세요. 적당한 속도로 정확하게 읽을 수 있어야 글의 내용을 이해할 수 있습니다. 문장을 읽기 시작한 아이들의 경우 소리 내어 읽는 것은 매우 중요합니다. 자기가 읽은 것을 들으며 읽은 내용을 이해하기 때문입니다. 눈으로 읽은 것을 바로 이해하는 묵독을 할 수 있는 단계가 되기 전까지는 다양한 방법으로 소리 내어 읽는 활동을 많이 해 보는 것이 좋습니다. 읽기의 유창성과 정확도를 높이면 읽기 이해력도 향상됩니다.

  읽어 주는 것 듣기, 교사가 한 문장이나 한 구절씩 읽으면 따라 읽기, 중요한 단어나 구절만 따로 읽기, 입 맞추어 함께 읽기, 구절 나누어 읽기, 번갈아 읽기, 돌아가며 읽기, 혼자 읽기 등의 방법을 활용하면 좋습니다. 아이가 읽은 것을 녹음해 다시 듣게 하거나 친구와 서로 읽어 주는 방법도 동기 유발에 좋습니다.

- 〈신나는 글읽기〉와 〈뽐내기〉는 표현 활동이므로 학습지만 활용할 것이 아니라 실제 활동을 통해 익히도록 해 주세요. 노래를 함께 부르고, 동작을 만들어 보세요. 주제와 관련하여 말하기, 동작, 음률, 미술, 몸짓, 놀이 등 다양한 표현 활동과 연계하여 활동적인 수업을 해 보세요. 이렇게 통합적으로 접근하면 아이들의 자유로운 표현 능력이 향상되고 흥미 있게 참여할 것입니다. 다양한 활동을 통해 자연스럽게 말하기, 쓰기 표현 능력이 향상될 수 있도록 연계하여 지도할 수 있습니다.

- 〈이야기 돋보기〉는 이해 목표에 따른 반복 활동으로 연습을 할 수 있게 되어 있습니다. 문장 단서와 그림 단서를 활용하는 방법을 알려 주세요.

# 지도 교사 도우미

- 〈꼭지별 내용 체계〉는 주제에 관한 꼭지 구성이 어떻게 되어 있는지 한눈에 볼 수 있도록 표로 정리되어 있습니다. 수업 계획을 세울 때 활용하거나 평가할 때 체크리스트로 사용해도 좋을 것입니다.

- 〈좀 더 활용해 보세요〉는 지도시 참고사항이나 수업 아이디어를 제공하였습니다.

| 너도나도 이야기해요. | 듣기, 말하기와 관련된 활동을 소개하였습니다. |
|---|---|
| 같이 읽어요. | 주제와 관련하여 아이와 함께 읽어 보면 좋을 책을 소개하였습니다. |
| 마음대로 나타내요. | 주제와 관련된 다양한 쓰기 표현 활동을 제시했습니다. |
| 함께 놀아요. | 주제에 맞는 과학, 미술, 음악, 놀이, 연극 놀이, 자연 놀이, 요리 활동 등 다양한 통합 활동이 포함되어 있습니다. |

- 선생님께 한마디 는 교사가 참고할 만한 지도 방법을 학습지 하단에 제시한 것입니다.

# 3단계의 목표와 내용 구성

★ 3단계는 글의 종류에 따라 3권의 책으로 엮었습니다.
- 3단계 1권은 생활 주변에서 흔히 볼 수 있는 광고, 안내문, 설명서 등 실용글과 짧고 쉬운 설명글을 제시했습니다.
- 3단계 2권은 일기와 생활글로 구성했습니다.
- 3단계 3권은 전래동요와 이야기로 구성했습니다. 3단계 이야기는 이야기의 구조가 있는 짧은 글을 엄선하여 실었습니다.
★ 3단계의 목표는 다음과 같습니다. 단, 제시 방법에 따라 목표를 조정할 수 있습니다.
- 읽기 : 5~8문장의 짧은 글을 읽고 내용을 파악할 수 있다.
  　　　　3~5문장을 읽고 주요 내용, 원인과 결과를 알 수 있다.
- 듣기·말하기 : 주제에 맞게 내용을 간추려 말할 수 있다.
  　　　　바른 어법으로 새로운 어휘를 익혀 알맞게 사용할 수 있다.
- 쓰기 : 주제와 관련하여 2~5문장으로 스스로 표현해 쓸 수 있다.
- 문학 : 문학작품을 읽으며 즐거움을 느끼고 다양한 작품을 선택해 읽을 수 있다.
- 문법 : 꾸밈말, 토씨의 쓰임을 알고 문장을 순서대로 쓸 수 있다.

| 전체 구성 | 1권 〈실용글, 설명글〉 | 2권 〈생활글〉 | 3권 〈전래동요, 이야기〉 |
|---|---|---|---|
| 글마중 | 글마중에 실려 있는 본문은 5~8문장의 짧은 글로 제시하였습니다. 한 문장은 4~6어절이 넘는 문장으로 구성되어 있고 복문이 포함된 문장도 제시했습니다. 1권은 글에서 정보를 얻는 방법을 배우는 데 초점을 두었습니다. 2권은 생활문을 스스로 쓸 수 있도록 다양한 글을 제시하였습니다. 3권은 구조가 있는 이야기와 재미있는 전래동요를 통해 문학 읽기의 즐거움을 느끼도록 했습니다. | | |
| 신나는 글읽기 | 본문의 전체 내용을 표에 채워 써 봄으로써 글의 내용을 파악하도록 했습니다. 글과 관련된 사전 지식, 관련 활동을 재미있게 제시했습니다. | | |
| 이야기 돋보기 | 글마중의 본문을 3~5문장씩 나누어 제시했습니다. 문장으로 된 4지 선다형 보기를 고르거나 단문으로 답하도록 했습니다. | | |
| 낱말 창고 | 본문에 나오는 기본 어휘나 그와 관련된 새로운 어휘를 확장해 익히도록 했습니다. | | |
| 우리말 약속 | 1권에서는 꾸밈말(관형어, 부사어)을, 2권에서는 토씨(조사)의 쓰임을 배우고, 3권에서는 순서에 따라 문장 쓰기를 배우도록 했습니다. | | |
| 뽐내기 | 주제와 관련하여 2~5문장의 글을 스스로 쓰도록 활동을 제시했습니다. 쓰기 전 활동을 제시하여 쓸 내용을 간추리고 나서 쓸 수 있게 했습니다. | | |

# 꼭지별 내용 체계

## 1권 실용글, 설명글

| 주제 | 글마중 | 신나는 글읽기 | 이야기 돋보기 | 낱말 창고 | 뽐내기 | 우리말 약속 |
|---|---|---|---|---|---|---|
| 실용글 | 고대영 작가와의 만남 | 글의 전체 내용을 빈칸에 채워 쓰기 | 내용에 관한 질문에 답하기 | 작가, 그림 작가, 출판사 | 내가 좋아하는 그림책 표지 만들기 | *'어떤'에 해당하는 관형어(체언을 꾸며주는 말) 배우기<br><br>- 꾸밈말 찾아 ○하기<br>- 꾸밈말 골라 쓰기<br>- 꾸밈말로 바꾸는 방법 배우기<br>- 꾸밈말 넣어 문장 완성하기<br>- 꾸밈말 넣어 바른 순서로 쓰기<br>- 꾸밈말 넣어 문장 만들기 |
| | 어린이를 찾습니다 | 빈칸 채워 쓰기 예은이의 옷 차림 색칠하기 | 내용에 관한 질문에 답하기 | 색깔을 표현하는 말 알기 | 길을 잃었을 때 대처법 알기 | |
| | 불이 났어요 | 불이 났을 때의 바른 행동 고르기 | 내용에 관한 질문에 답하기 | 소화기, 비상벨, 소화전, 비상구, 유도등, 화재감지기 | 119에 신고하는 법 알기 | |
| | 버거리아에 왔어요 | 메뉴에 맞는 가격 적기 | 내용에 관한 질문에 답하기 | 세트 메뉴, 디저트, 포테이토, 햄버거, 아이스크림, 치킨, 오렌지주스, 치즈 | 햄버거 가게에서 주문하기 역할극 하기 | |
| | 전교 회장 선거 | 포스터 보고 사진과 이름, 공약 연결하기 | 내용에 관한 질문에 답하기 | 전교 회장, 선거, 후보, 기호, 투표, 공약, 포스터 | 마음에 드는 후보에게 투표하기 | |
| | 방학특강 컴퓨터 교실 | 어울리는 것끼리 연결하기 | 내용에 관한 질문에 답하기 | 여러 가지 도감(식물도감, 동물도감, 곤충도감) | 한글문서로 자기소개 글 작성하기 | |
| | 안전하게 사용해요 | 전자레인지에 사용할 수 있는 그릇 찾기, 바른 설명 찾기 | 내용에 관한 질문에 답하기 | 플라스틱, 금속 | 전자레인지를 사용하여 즉석밥 데우기 | |
| | 간편하게 컵라면 | 컵라면 조리방법 순서대로 번호쓰기 | 내용에 관한 질문에 답하기 | 조리, 용기, 개봉, 분말 | 제조일자와 유통기한 확인하기 | |
| | 문자 왔어요 | 알맞은 내용에 ○하기 | 내용에 관한 질문에 답하기 | 동아리, 동호회 | 문자메시지 보내기 | |
| | 백희나 작가님께 | 메일 쓸 때 꼭 써야 하는 것 | 내용에 관한 질문에 답하기 | 메일, 편지, 엽서, 전화, 문자 메시지 높임말과 예사말 | 메일 쓰기 | |
| | 바로 해 먹는 즉석 카레 | 즉석카레 조리 순서에 맞게 번호 쓰기 | 내용에 관한 질문에 답하기 | 가공식품, 즉석식품, 냉동식품, 통조림 끓이다, 굽다, 데치다, 찌다 | 즉석식품의 조리 방법 쓰기 | |

| 주제 | 글마중 | 신나는 글읽기 | 이야기 돋보기 | 낱말 창고 | 뽐내기 | 우리말 약속 |
|---|---|---|---|---|---|---|
| 실용글 | 에코포트에 검은 콩을 심어요 | 에코포트에 검은 콩을 심는 방법 쓰기 | 내용에 관한 질문에 답하기 | 화분, 물받침, 흙, 분무기, 햇빛, 온도, 물 맞춤법에 맞게 쓰기 | 내가 키우고 싶은 식물 그리기 | |
| 설명글 | 송편 | 글의 전체 내용을 표에 채워 쓰기 | 내용에 관한 질문에 답하기 요약문장 채워 쓰기 | 추석에 관한 낱말 알기 | 송편 만드는 방법 적기 | *'어떻게'에 해당하는 부사어(용언을 꾸며주는 말) 배우기<br><br>- 꾸밈말 찾아 ○하기<br>- 꾸밈말 골라 쓰기<br>- 꾸밈말 넣어 문장 완성하기<br>- 꾸밈말 넣어 바른 순서로 쓰기<br>- 꾸밈말 넣어 문장 만들기<br>- 관형어와 부사어 넣어 문장 쓰기 |
| | 국립중앙 박물관 | 알맞게 띄어 읽기 | 내용에 관한 질문에 답하기 내용에 맞는 것 찾아 ○하기 | 박물관, 도서관, 미술관, 관람, 휴관, 전시 | 전시회 포스터 꾸미기 | |
| | 전주 | 글내용 중 전주와 관련된 것 찾기 | 내용에 관한 질문에 답하기 글의 내용에 맞는 것 찾아 ○하기 | 우리나라 지역 이름 알기 | 내가 사는 곳의 자랑거리 적기 | |
| | 유재석 | 글의 내용에 따라 유재석 소개 카드 쓰기 | 내용에 관한 질문에 답하기 글의 내용에 맞는 것 찾아 ○하기 | 텔레비전에 나온 사람 직업명 알기 | 내 친구 소개 카드 만들기 | |
| | 해를 바라보는 꽃 | 내용을 간추리는 표 채우기 | 내용에 관한 질문에 답하기 | | 내가 좋아하는 꽃 소개글 쓰기 | |
| | 공룡 이야기 | 알맞게 띄어 읽기 내용을 간추리는 표 채우기 | 내용에 관한 질문에 답하기 글의 내용에 맞는 것 찾아 ○하기 | 초식동물, 육식동물 | 지점토로 공룡 만들기 | |

# 좀 더 활용해 보세요

## ✏️ 실생활에 도움이 되는 기능적 읽기 지도

기능적 읽기(functional reading)는 실생활에 필요한 것을 중심으로 한 읽기 지도법입니다. 거리의 표지판, 신문, 광고, 지하철 노선도, 구입해야 하는 상품명 읽기가 이에 해당합니다(특수교육학용어사전, 2009). 일상생활에서 여러 정보를 읽고 이해하는 것은 매우 중요합니다. 물건을 선택하고 살 때, 안내문과 설명서를 읽고 따라야 할 때, 거리에서 길을 찾을 때, 음식점을 이용하고 주문할 때 다양한 읽을거리를 읽고 내용을 파악해야 일상생활을 스스로 할 수 있기 때문입니다.

〈3단계 1권 실용글〉 부분에서는 일상생활에서 읽기를 잘 활용할 수 있도록 아이들의 생활 연령과 지역사회 환경을 고려하여 실제 생활에서 자주 접하는 글을 모아 제시했습니다. 도서관 행사 안내문, 방학 특강 안내문, 전교 회장 선거 포스터, 전자레인지 사용법, 컵라면과 즉석카레 조리법, 에코포트(친환경 화분) 사용법 등 실생활에서 쉽게 접하는 내용을 다루고 있습니다. 이런 글을 읽으며 아이들은 일상생활에서 스스로 문제를 해결하고 독립적으로 생활하는 법을 배우게 될 것입니다.

### ① 기능적 읽기를 할 때는 학생의 환경과 우선적인 필요를 고려하세요.

기능적 읽기를 가르치는 이유는 학생들이 생활에서 여러 문제를 스스로 해결하도록 하기 위해서입니다. 학생의 독립성을 증가시키기 위한 것이므로 기능적 읽기의 주제와 자료를 선정할 때는 학생이 현재와 미래에 자주 접하는 환경을 고려해야 합니다. 학교, 동네, 이용하는 시설, 주로 하는 활동 등 학생이 현재 접하는 환경에서 우선 필요한 기술과 자료를 선정하여 가르치는 것이 중요합니다. 예를 들어, 초등학교에 다니는 학생이라면 학교의 여러 팻말과 지시문과 안내문, 자기 동네의 상점 이름과 안내문, 간단한 음식을 시켜 먹을 수 있는 전단지, 놀이 매뉴얼 등을 읽기 자료로 선정할 수 있습니다.

### ② 실제로 경험하며 배우게 해 주세요.

어떤 학생은 소리 내어 글을 읽을 수는 있는데도 간단한 안내문이나 표지판 같이 생활과 밀접한 글의 의미를 잘 파악하지 못합니다. 이는 학생들의 경험 수준과 관련되어 있는 경우가 많습니다. 생활에서 안내문이나 표지판을 직접 활용해 보지 않았기 때문에 간단한 안내, 설명, 표식이 나타내는 실제 의미를 파악하지 못합니다. 실용글은 생활에서 문제를 해결하는 데 도움이 되는 글이므로 실제 경험을 통해 몸으로 배우는 것이 가장 중요합니다. 읽기를 통해 직면한 문제를 해결함으로써 학생들에게 읽기의 필요성을 느끼게 하고, 이런 문제 해결 과정 자체가 자연스러운 강화로 작용할 수 있습니다. 예를 들어 컵라면 조리법을 보고 직접 조리해 먹어본다면 아이들은 읽기를 훨씬 재미있게 배울 수 있을 것입니다. 실용글은 읽기에 대한 동기를 유발할 수 있는 글감이 될 수 있습니다. 그러므로 실용글을 가르칠 때에는 실제 읽기가 필요한 생활 장면에서 직접 활동하는 경험을 함께 제공하는 것이 가장 효과적입니다.

### ③ 실제의 자료로 읽기를 가르치세요.

실용글을 배울 때는 실제의 자료로 읽기를 배우는 것이 중요합니다. 실제 읽기 자료에 사용되는 어휘, 배치된 글의 형태, 그림이나 기호를 이해하는 것이 필요하기 때문입니다. 실제 생활에서 실용글을 많이 접하고 경험한 학생은 글자를 잘 읽지 못해도 글자와 함께 있는 그림이나 기호 등의 단서를 잘 활용해 실생활에서 문제를 해결하는 경우가 종종 있습니다. 생활 속에 접하게 되는 많은 실용글은 단순하게 글이 나타내는 의미 뿐 아니라 그림, 숫자, 위치 등 다양한 시각적 정보를 해석하고 활용해야 합니다. 그러므로 학생들이 학교, 가정, 지역 사회에서 자주 접하게 되는 실제 자료를 활용하여 지도하는 것이 효과적입니다. 도서관 안내문 읽기를 한다면 학생이 자주 이용하는 도서관의 안내문을 활용하는 것이 가장 바람직합니다. 또한 짜장면 주문하기를 가르치려고 한다면 자주 시켜먹는 중국집 광고 전단지를 이용하는 것이 효과적입니다.

### ④ 다양한 자료를 활용해 주세요.

실용글을 효과적으로 지도하기 위해서는 실제 자료를 다양하게 선택하여 활용해야 합니다. 실용글은 알리고자 하는 내용을 축약하여 제시하기 때문에 많은 기호, 시각적/ 위치적 정보를 모두 포함하고 있습니다. 그래서 단순한 글 읽기보다 좀 더 통합적인 정보 처리가 필요합니다. 도서관 안내문 읽기를 하는 경우, 학생이 자주 가는 학교 도서관과 마을 도서관의 안내문을 모두 활용하는 것이 가장 바람직합니다. 동일한 도서관 안내문이라 하더라도 안내 순서, 정보 제시 방법이나 위치 등에 차이가 있을 수 있기 때문에 다양한 자료를 경험할 수 있도록 지도하여야 합니다.

⑤ 그림이나 기호 등의 단서를 최대한 활용해 주세요.

　읽기를 할 때 그림, 사진, 기호, 픽토그램, 상징, 로고 등의 단서를 잘 활용하는 것은 실용문에 대한 이해력을 높이는 데 많은 도움이 됩니다. 이런 상징은 많은 메시지를 담고 있어 상징만 이해하면 일일이 글을 읽지 않아도 문제를 해결할 수 있는 경우가 많습니다. 따라서 기능적 읽기를 가르칠 때는 상징을 함께 가르치는 것이 필요합니다. 예를 들어 지하철의 화살표를 보고 그 방향으로 이동하는 것이 아주 단순하고 쉬운 행동 같지만 실제 상황에서 어려움을 보이며 방향을 못 찾아가는 아이들이 있습니다. 그러므로 기호의 의미를 실제 체험해 보거나 직접 몸으로 움직여 보고 행동의 결과를 정확하게 알 수 있도록 지도하는 것이 필요합니다.

<참고문헌> 국립특수교육원(2009). 특수교육학 용어사전. 하우기획출판.

# 2장
# 설명글

# 고대영 작가와의 만남

하늘도서관에서 독서의 계절인 가을을 맞아 고대영 작가와의 만남을 준비하였습니다. 고대영 작가는 어린이가 좋아하는 〈지하철을 타고서〉, 〈용돈 주세요〉 등 많은 그림책을 썼습니다.

- 일시: 10월 22일(수) 오후 2시~4시
- 장소: 하늘도서관 2층
- 대상: 1~4학년 어린이 30명
- 신청: 10월 8일(수)까지 선착순 접수

＊ 책을 가져오면 작가 사인을 받을 수 있습니다.

월        일        요일        확인

 글마중을 읽고 빈칸에 알맞은 답을 써 보세요.

☐☐☐☐ 작가와의 만남

☐☐☐☐ 에서 고대영 작가와의 만남을 준비하였습니다.

- 일시: ☐ 월 ☐ 일(수)

  오후 2시~4시

- 장소: 하늘도서관 ☐ 층

- 대상: ☐ ~ ☐ 학년 어린이 ☐ 명

- 신청: ☐ 월 ☐ 일(수)까지 선착순 접수

월        일        요일        확인

**다음 글을 읽고 알맞은 답을 고르거나 쓰세요.**

## 고대영 작가와의 만남

하늘도서관에서 독서의 계절인 가을을 맞아 고대영 작가와의 만남을 준비하였습니다. 고대영 작가는 어린이가 좋아하는 〈지하철을 타고서〉, 〈용돈 주세요〉 등 많은 그림책을 썼습니다.

1. 하늘도서관은 어떤 행사를 준비하였나요? ⋯⋯⋯⋯ (          )

    ① 지원이와의 만남            ② 독서퀴즈대회
    ③ 고대영 작가와의 만남       ④ 지하철 타기 행사

2. 다음 중 고대영 작가가 쓴 그림책은 무엇인가요? (     ,     )

    ① 〈강아지똥〉                ② 〈지하철을 타고서〉
    ③ 〈용돈 주세요〉            ④ 〈괜찮아〉

3. 고대영 작가는 무엇을 하는 사람일까요? ⋯⋯⋯⋯ (          )

    ① 그림을 그리는 사람

    ② 아이들을 가르치는 사람

    ③ 아픈 아이들을 치료해 주는 사람

    ④ 책을 쓰는 사람

**다음 글을 읽고 알맞은 답을 고르거나 쓰세요.**

- 일시: 10월 22일(수) 오후 2시~4시
- 장소: 하늘도서관 2층
- 대상: 1~4학년 어린이 30명
- 신청: 10월 8일(수)까지 선착순 접수

\* 책을 가져오면 작가 사인을 받을 수 있습니다.

1. 고대영 작가와의 만남은 언제 하나요?

⬜ 월 ⬜ 일 ⬜ 요일 오후 2시~4시

2. 고대영 작가와의 만남에 갈 수 있는 어린이를 모두 고르세요.
(        ,        ,        )

① 1학년 준수　　　② 3학년 지아
③ 4학년 민율　　　④ 6학년 민국

3. 밑줄 친 '선착순 접수'란 무슨 뜻일까요? ········ (        )

① 10월 8일에 온 사람만 신청할 수 있다.
② 10월 8일까지 온 사람은 모두 신청할 수 있다.
③ 10월 8일까지 순서대로 30명만 신청할 수 있다.
④ 10월 8일이 지나야 신청할 수 있다.

🧑‍🎓 **그림책 표지를 살펴봅시다.**

제목

작가        그림작가

출판사

| | | |
|---|---|---|
| **작가** | → | 글쓴이, 책을 쓴 사람 |
| **그림작가** | → | 책에 그림을 그린 사람 |
| **출판사** | → | 책을 만든 곳 |

월        일        요일        확인

 내가 좋아하는 그림책 표지를 그리거나 사진을 찍어 붙이고
내용을 써 보세요.

| 제목 | |
|---|---|
| 작가 | |
| 그림작가 | |
| 출판사 | |

 # 어린이를 찾습니다

어린이를 찾습니다.

서울 은평구 진관동에서 부모님과 함께 온 김예은 어린이를 찾고 있습니다. 김예은 어린이는 초등학교 2학년 여자 어린이로, 줄무늬 티셔츠와 노란색 반바지를 입고 있습니다. 부모님과 5층 아동복 매장에서 헤어졌습니다.

김예은 어린이는 백화점 1층 안내데스크로 오기 바랍니다. 김예은 어린이를 보호하고 계신 분은 안내데스크로 연락 주십시오.

미아보호소

월        일        요일    확인

 **글마중을 읽고 빈칸에 알맞은 답을 써 보세요.**

⬜⬜⬜⬜ 어린이를 찾고 있습니다.

서울 은평구 ⬜⬜⬜⬜⬜ 에서 부모님과 함께 온

초등학교 ⬜ 학년 여자 어린이입니다.

백화점 ⬜ 층 안내데스크로 오세요.

 **예은이 옷차림이 어떤지 알맞게 색칠해 보세요.**

**다음 글을 읽고 알맞은 답을 고르거나 쓰세요.**

어린이를 찾습니다.

서울 은평구 진관동에서 부모님과 함께 온 김예은 어린이를 찾고 있습니다. 김예은 어린이는 초등학교 2학년 여자 어린이로, 줄무늬 티셔츠와 노란색 반바지를 입고 있습니다. 부모님과 5층 아동복 매장에서 헤어졌습니다.

1. 안내 방송에서 찾고 있는 어린이 이름은 무엇인가요?

2. 예은이는 어떤 옷을 입고 있나요? 알맞은 말에 색칠하세요.

| 줄무늬 | 티셔츠와 | 빨간색 | 반바지를 입고 있습니다. |
|--------|---------|--------|----------------------|
| 체크무늬 |         | 노란색 |                      |

3. 예은이는 어디서 부모님과 헤어졌나요?

4. 이 안내 방송을 하는 이유는 무엇일까요? ············· (            )

① 은평구 진관동에 가기 위해서

② 김예은 어린이를 찾기 위해서

③ 백화점 안내데스크를 알려주기 위해서

④ 티셔츠와 반바지를 팔기 위해서

**다음 글을 읽고 알맞은 답을 고르거나 쓰세요.**

> 김예은 어린이는 백화점 1층 안내데스크로 오기 바랍니다. 김예은 어린이를 보호하고 계신 분께서는 안내데스크로 연락 주십시오.

1. 이 방송을 하는 곳은 어디일까요? ················· (       )

   ① 지하철      ② 놀이공원      ③ 학교      ④ 백화점

2. 예은이의 부모님께서는 어디서 예은이를 기다리고 계실까요?

   |  |
   |---|
   |  |

3. 김예은 어린이를 본 사람은 어떻게 해야 할까요? (       )
   ① 못 본 척한다.
   ② 백화점 출구로 간다.
   ③ 김예은 어린이를 안내데스크에 데려간다.
   ④ 함께 사진을 찍는다.

4. 백화점에서 길을 잃었을 때는 어떻게 해야 할까요? (       )
   ① 혼자 집으로 간다.
   ② 쇼핑을 한다.
   ③ 다른 사람을 따라간다.
   ④ 주변 어른들에게 도움을 요청한다.

**'색깔'을 표현하는 말을 알아봅시다.**

1.  잘 익은 사과는

| 빨강 |
|---|
| 빨간 |

색이다.

2.  우리 집 지붕 색깔은

| 파랑 |
|---|
| 파란 |

이다.

3.

| 노랑 |
|---|
| 노란 |

색 스포츠카를 타고 싶다.

4.

| 파랑 |
|---|
| 파란 |

색 셔츠를 샀다.

5.  내가 좋아하는 색깔은

| 노랑 |
|---|
| 노란 |

이다.

선생님께 한마디    아이들이 어려워하는 문제입니다. 색의 이름을 말할 때(명사)는 '노랑, 빨강' 등으로 쓰고,
꾸밈말로 사용할 때(관형사)는 '노란, 빨간' 등으로 씁니다.

**낯선 곳에서 길을 잃었을 때 어떻게 해야 할지 알아보고, 도움을 요청하는 말을 아래에 써 보세요.**

## 낯선 곳에서 부모님이 보이지 않을 때는

1. **멈춰요!**
  그 자리에 멈추세요.
  부모님을 찾으러 돌아다니면, 길이 어긋나 찾기 어려워져요.

2. **생각해요!**
  울지 말고 침착하게,
  **부모님 이름**과 **전화번호**, **집 주소**를 잘 생각해요.

3. **도움을 요청해요!**
  나쁜 어른을 만날 수 있으니,
  주변에서 **어린이 손을 잡고 있는 어른**이나 **경찰**에 도움을 요청해요.

주변 어른들에게

---

---

---

# 불이 났어요

1. "불이야!"라고 큰소리로 외칩니다.

2. 무섭다고 숨지 말고 빨리 밖으로 나갑니다.

3. 엘리베이터를 타면 안 돼요. 계단을 이용합니다.

4. 연기가 많을 때는 젖은 수건으로 코와 입을 막고 낮은 자세로 이동합니다.

5. 옷에 불이 붙으면 뛰지 말고 바닥에 굴러요.

6. 방문을 열기 전에 먼저 손잡이를 살짝 만져보세요. 손잡이가 뜨거우면 열면 안 돼요.

선생님께 한마디 화재 대피 훈련은 아이들의 몸에 익어 위급 상황 시 바로 실행에 옮길 수 있도록 충분한 연습이 필요합니다. 소방방재청 홈페이지(www.nema.go.kr)>재난대비>골든타임제>연령별 안전교육자료 등을 이용하세요.

글마중을 읽고 불이 났을 때 해야 할 바른 행동을 찾아 색칠
하세요.

"불이야!"라고
큰 소리로
외쳐요.

엘리베이터를
타고 밖으로
나가요.

옷에
불이 붙으면
뛰어다녀요.

계단을 이용해
빨리 밖으로
나가요.

옷에
불이 붙으면
바닥에
굴러요.

무서우니까
옷장에
숨어요.

문을 열기 전에
먼저 손잡이를
살짝 만져봅니다.

젖은 수건으로
코와 입을
막아요.

**다음 글을 읽고 알맞은 답을 고르거나 쓰세요.**

1. "불이야!"라고 큰소리로 외칩니다.
2. 무섭다고 숨지 말고 빨리 밖으로 나갑니다.
3. 엘리베이터를 타면 안 돼요. 계단을 이용합니다.

1. ・불이 났을 때는 엘리베이터를 타면 ( 됩니다 / 안 됩니다 ).

　・반드시 [　　　　　　]을 이용하여 빨리 밖으로 나가야 합니다.

2. 불이 났을 때 무섭다고 숨어 있으면 어떻게 될까요?(　　　)
　① 안전하게 구조된다.
　② 어른들이 찾지 못해 도와줄 수 없다.
　③ 연기를 마시지 않는다.
　④ 소방관 아저씨가 구해주러 오신다.

3. 불이 났을 때 바른 행동을 한 어린이는 누구인가요?(　　　)
　① 승원: "누나, 불났어!"라고 누나에게만 말했어요.
　② 혜원: 엘리베이터를 타고 밖으로 나갔어요.
　③ 대호: 계단으로 빨리 뛰어 나갔어요.
　④ 승기: 무서워서 책상 밑에 숨었어요.

월          일          요일     확인

 **다음 글을 읽고 알맞은 답을 고르거나 쓰세요.**

4. 연기가 많을 때는 젖은 수건으로 코와 입을 막고 낮은 자세로 이동합니다.

5. 옷에 불이 붙으면 뛰지 말고 바닥에 굴러요.

6. 방문을 열기 전에 먼저 손잡이를 살짝 만져보세요. 손잡이가 뜨거우면 열면 안 돼요.

1. 옷에 불이 붙었을 때는 어떻게 해야 하나요? ……（          ）

　① 이리저리 뛰어다녀요.

　② 바닥에 엎드려 불이 꺼질 때까지 굴러요.

　③ 젖은 수건으로 코와 입을 막아요.

　④ 옷장 속에 숨어요.

2. 방문을 열기 전에 먼저 무엇을 만져 보아야 하나요?

```
┌─────────────────────────────┐
│                             │
│                             │
│                             │
└─────────────────────────────┘
```

3. 문 손잡이를 만졌더니 뜨겁다면 어떻게 해야 할까요?（          ）

　① 문을 빨리 열고 나가요.

　② 장갑을 끼고 문을 열어요.

　③ 문을 열지 말고, 나갈 수 있는 다른 곳을 찾아요.

　④ 발로 문을 차요.

불이 났을 때 도움을 주는 시설을 알아보고, 학교에서 찾아
보세요.

| 소방 시설 | (소화기) | (비상벨) | (소화전) |
|---|---|---|---|
| | 소화기 | 비상벨 | 소화전 |
| 어디에 있나요? | | | |

| 소방 시설 | (비상구) | (유도등) | (화재감지기) |
|---|---|---|---|
| | 비상구 | 유도등 | 화재감지기 |
| 어디에 있나요? | | | |

불이 나면 **119**에 신고해야 하지요. 119에 전화해서 꼭 알려 주어야 할 말을 적어 전화기 옆에 붙이고, 역할극을 해 보세요.

**신고자:**
여보세요?
여기는 ○○동 ○○ 아파트
○동 ○호입니다.
지금 거실에 불이 났어요.

**소방관:**
다친 사람은 없나요?
곧 소방차가 도착할
테니 걱정하지 마세요.

불이 나면 **119**

제 이름은 [        ] 입니다.

전화번호는 [        ] 입니다.

집 주소는 [        ] 입니다.

# 버거리아에 왔어요

토요일 오후, 은수는 친구들과 버거리아에 왔어요. 할머니께서 주신 용돈 5,000원을 가져 왔어요. 맛있는 것이 많아서 무엇을 먹을지 고민이에요.

## 버거리아 메뉴판

| 세트 메뉴 | 디저트 | 음료 |
|---|---|---|
| 불고기버거 세트 5,200원 | 치킨 2조각 2,200원 | 콜라 1,200원 |
| 치킨버거 세트 4,700원 | 포테이토 1,400원 | 사이다 1,200원 |
| 새우버거 세트 4,500원 | 아이스크림 700원 | 오렌지주스 1,400원 |
| 치즈버거 세트 4,100원 | 팥빙수 3,000원 | 우유 1,000원 |

월        일        요일      확인

 메뉴에 맞는 가격을 써 보세요.

**치킨버거 세트**

|                    원 |

**불고기버거 세트**

|                    원 |

**치킨 2조각**

|                    원 |

**아이스크림**

|                    원 |

**콜라**

|                    원 |

**오렌지주스**

|                    원 |

다음 글을 읽고 알맞은 답을 고르거나 쓰세요.

| 세트 메뉴 | 불고기버거 세트 | 5,200원 |
|---|---|---|
| | 치킨버거 세트 | 4,700원 |
| | 새우버거 세트 | 4,500원 |
| | 치즈버거 세트 | 4,100원 |

1. 세트 메뉴에 포함되는 것을 3가지 고르세요. (      ,      ,      )

① 햄버거            ② 음료
③ 치킨              ④ 팥빙수
⑤ 포테이토          ⑥ 아이스크림

2. 치킨버거 세트는 얼마인가요?  [          ] 원

3. 내가 먹고 싶은 세트 메뉴는 무엇이고 얼마인가요?

[          ] 세트, [          ] 원

4. 은수는 5,000원을 가지고 있습니다. 은수가 살 수 <u>없는</u> 메뉴는 무엇인가요?

[          ]

다음 글을 읽고 알맞은 답을 고르거나 쓰세요.

| 디저트 | | 음료 | |
|---|---|---|---|
| 치킨 2조각 | 2,200원 | 콜라 | 1,200원 |
| 포테이토 | 1,400원 | 사이다 | 1,200원 |
| 아이스크림 | 700원 | 오렌지주스 | 1,400원 |
| 팥빙수 | 3,000원 | 우유 | 1,000원 |

1. 아이스크림 가격은 얼마인가요?

원

2. 포테이토와 가격이 같은 것은 무엇인가요?

3. 콜라 가격만큼 돈을 묶어 보세요.

4. 은수는 치킨 2조각과 콜라를 먹으려고 합니다. 얼마를 내야
   할까요?

원

햄버거는 원래 미국 음식이지요. 그래서 햄버거 가게 메뉴에는 영어 이름이 많아요.

세트 메뉴(Set Menu) ➡ 음식을 한 묶음으로 맞추어 놓은 것

디저트(Dessert) ➡ 식사 뒤에 나오는 간단한 음식

포테이토(Potato) / 후렌치 후라이(French fries)

➡ 감자를 튀긴 요리

1. 저녁 먹고 [          ] 로 아이스크림 어떨까?

2. 음식을 [          ] 로 주문하면 편해요.

3. [          ] 를 찍어 먹을 케첩 주세요.

 우리가 잘 알고 있는 낱말도 사실은 영어가 많아요.

햄버거(Hamburger)      아이스크림(Ice cream)

치킨(Chicken)      오렌지주스(Orange Juice)

치즈(Cheese)

월         일         요일    [확인]

 **햄버거 가게에서 주문을 해 보았나요? 친구와 함께 글마중의 메뉴판을 보고 점원과 손님이 되어 역할극을 해 보세요.**

점원: 어서 오세요. 무엇을 주문하시겠습니까?

손님: 치킨버거 세트 하나 주세요.

점원: 치킨버거 세트는 4,700원입니다.

손님: 4,700원 여기 있어요.

(잠시 후)

점원: 주문하신 치킨버거 세트입니다. 맛있게 드세요.

 점원: 어서 오세요. 무엇을 주문하시겠습니까?

 손님: (                              ) 주세요.

 점원: (                    )는 (               )입니다.

 손님: (               ) 여기 있어요.

　(잠시 후)

 점원: 주문하신   (                      ) 세트입니다.

　　　맛있게 드세요.

## 글마중 전교 회장 선거

전교 회장 후보

기호 1 김은수

집에 가도 생각나는
즐거운 학교를 만들겠습니다.

1. 점심시간 음악 방송

2. 전교 피구대회 개최

전교 회장 후보

2 이도형

첫째 깨끗한 학교, 왕따 없는 학교를 만드는 데 최선을 다하겠습니다.

둘째 언제나 여러분 말에 귀 기울이는 회장이 되겠습니다.

전교 회장 후보

3번 고태광

무 조건 봉사하고
한 없이 배려하고
도 와주며 실천하는
전 교 회장이 되겠습니다!

월        일        요일      확인

 글마중을 읽고 관계있는 것끼리 연결하세요.

•                •                •

•                •                •

| 기호 1번<br>김은수 | 기호 2번<br>이도형 | 기호 3번<br>고태광 |
|---|---|---|

•                •                •

•                •                •

| 무조건 봉사하고<br>한없이 배려하고<br>도와주며 실천하는<br>전교 회장이<br>되겠습니다. | 깨끗한 학교,<br>왕따 없는<br>학교를<br>만들겠습니다. | 집에 가도<br>생각나는<br>즐거운 학교를<br>만들겠습니다. |
|---|---|---|

아래 포스터를 보고 알맞은 답을 고르거나 쓰세요.

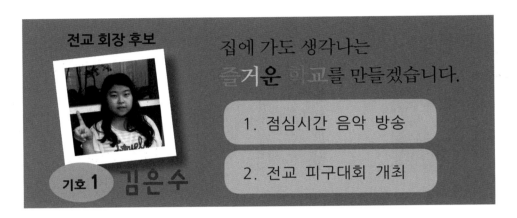

1. 전교 회장 후보 1번 이름은 무엇인가요?

2. 은수가 말한 '집에 가도 생각나는 학교'는 어떤 학교일까요?
                                                        (            )

   ① 집에서 가까운 학교        ② 공부만 열심히 하는 학교
   ③ 너무 재미있는 학교        ④ 시험을 많이 보는 학교

3. 즐거운 학교를 만들기 위해 은수는 무엇을 하겠다고 했나요?

   1.

   2.

월        일        요일      확인

 **아래 포스터를 보고 알맞은 답을 고르거나 쓰세요.**

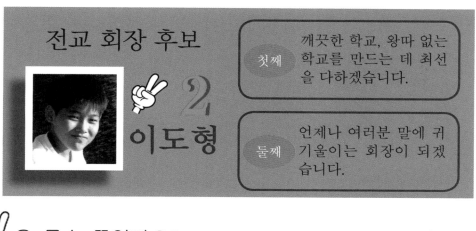

전교 회장 후보 ✌ 2 이도형

첫째 | 깨끗한 학교, 왕따 없는 학교를 만드는 데 최선을 다하겠습니다.

둘째 | 언제나 여러분 말에 귀 기울이는 회장이 되겠습니다.

1. ✌ 은 무슨 뜻일까요? .................................................... (        )

   ① 나는 두 살입니다.        ② 기호 2번입니다.
   ③ 사진 찍어주세요.        ④ 가위

2. 도형이는 어떤 학교를 만들겠다고 했나요? (        ,        )

   ① 깨끗한 학교              ② 왕따 없는 학교
   ③ 귀 기울이는 학교          ④ 집에 가도 생각나는 학교

3. 깨끗한 학교를 만들기 위해 무엇을 할 수 있을까요?



4. '여러분 말에 귀 기울이는 회장'은 어떤 회장일까요?(        )
   ① 소리를 잘 듣는 회장      ② 귀가 예쁜 회장
   ③ 친구 의견을 잘 들어주는 회장
   ④ 고개를 한 쪽으로 기울이는 회장

아래 포스터를 보고 알맞은 답을 고르거나 쓰세요.

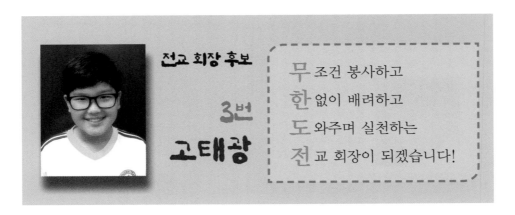

1. 무엇을 뽑는 선거 포스터인가요?

2. 태광이를 회장으로 뽑으려면 몇 번에 투표해야 하나요?

3. 위 포스터는 왜 만들었을까요? ............ (        ,        )

    ① 전교 어린이 회장에 뽑아달라고

    ② 무한도전 프로그램을 많이 보라고

    ③ 많은 사람들에게 전교 회장 후보를 알리고 싶어서

    ④ 학급 회장에 뽑아달라고

4. 태광이는 어떤 회장이 되겠다고 했나요?

    무조건 [        ]하고, 한없이 [        ]하고

    [        ] 실천하는 전교 회장

'전교 회장 선거'와 관련된 단어를 알아봅시다.

> ◐ **전교 회장** → 학교를 대표하는 학생
>
> ◐ **선거** → 대표하는 사람을 뽑는 것
>
> ◐ **후보** → 선거에 뽑히기 위해 나온 사람
>
> ◐ **기호** → 후보를 나타내는 번호
>
> ◐ **투표** → 선거에 자신의 의견을 내는 것
>
> ◐ **공약** → 후보자가 여러 사람에게 하는 약속
>
> ◐ **포스터** → 여러 사람에게 알리기 위한 간단한 안내문

1. 우리 학교 전교 회장은 [           ] 입니다.

2. 선거에는 여러 [           ] 가 나옵니다.

3. 투표하기 전에 포스터에 적힌 [           ] 을 잘 살펴 보아야 합니다.

4. 마음에 드는 후보를 정해서 [           ] 를 합니다.

세 후보의 포스터를 잘 살펴보고, 마음에 드는 후보에게 투표해 보세요. 그리고 후보를 선택한 이유도 써 보세요.

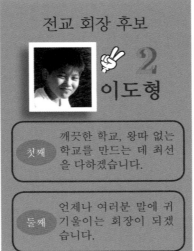

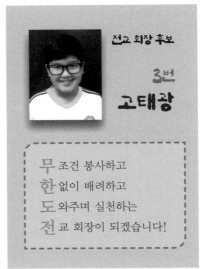

| 전교 회장 선거 | | | |
|---|---|---|---|
| 1 | 기호 1번 | 김은수 | |
| 2 | 기호 2번 | 이도형 | |
| 3 | 기호 3번 | 고태광 | |
| 행복초등학교 선거관리위원회 | | | |

**투표한 이유**

# 방학 특강 **컴퓨터 교실** 글마중

　본교 컴퓨터 교실은 여름 방학을 맞아 방학 특강을 시작합니다. 여름 방학을 알차게 보낼 수 있도록 아래 안내 사항을 참고하여 신청해 주십시오.

## 신 청 안 내

| | |
|---|---|
| 강좌 이름 | 곤충 도감 만들기 |
| 대　상 | 3~4학년 |
| 기　간 | 7월 23일(월) ~ 8월 3일(금) |
| 시　간 | 매주 월, 목 10시 ~ 11시 50분 |
| 내　용 | 한글 프로그램을 이용하여 곤충 도감 만들기 |
| 신청 기간 | 7월 9일(월) ~ 7월 13일(금) |
| 수강료 | 35,000원 |
| 신청 장소 | 본관 2층 컴퓨터실 |

신나는 글읽기

월          일          요일      확인

 글마중을 읽고 어울리는 것끼리 연결하세요.

| | |
|---|---|
| 강좌 이름 | 3~4학년 |
| 대 상 | 매주 월, 목 10시 ~ 11시 50분 |
| 시 간 | 곤충 도감 만들기 |
| 신청 장소 | 35,000원 |
| 수강료 | 7월 23일(월) ~ 8월 3일(금) |
| 기 간 | 본관 2층 컴퓨터실 |

이야기 돋보기

 **다음 글을 읽고 알맞은 답을 고르거나 쓰세요.**

### 〈방학 특강 컴퓨터 교실〉

본교 컴퓨터 교실은 여름 방학을 맞아 방학 특강을 시작합니다. 여름 방학을 알차게 보낼 수 있도록 아래 안내 사항을 참고하여 신청해 주십시오.

1. 무엇에 관한 안내장인가요? ································ (          )

　　① 컴퓨터 게임　　　　② 컴퓨터 교실
　　③ 스포츠 교실　　　　④ 글쓰기 교실

2. 특강을 언제 하나요?

　┌─────────────────────────────┐
　│                             │
　│                             │
　└─────────────────────────────┘

3. 컴퓨터 교실에서는 왜 방학 특강을 할까요? ········· (          )

　　① 여름 방학을 알차게 보내라고
　　② 겨울 방학을 알차게 보내라고
　　③ PC방에 가지 말고 컴퓨터 교실에 와서 게임하라고
　　④ 곤충을 관찰하라고

**다음 글을 읽고 알맞은 답을 고르거나 쓰세요.**

### 신청 안내

| | |
|---|---|
| 강좌 이름 | 곤충 도감 만들기 |
| 대상 | 3~4학년 |
| 기간 | 7월 23일(월) ~ 8월 3일(금) |
| 시간 | 매주 월, 목 10시 ~ 11시 50분 |

1. 안내하는 컴퓨터 교실 강좌 이름은 무엇인가요?

    |                          | 만들기

2. 이 수업은 몇 학년 학생들을 위한 강좌인가요? 모두 ○ 하세요.

    1학년    2학년    3학년    4학년    5학년    6학년

3. 교육 기간은 언제부터 언제까지인가요?

    [   ]월[   ]일 부터    [   ]월[   ]일 까지

4. 이 수업은 무슨 요일에 하나요?

    매주 [   ]요일과    [   ]요일

**다음 글을 읽고 알맞은 답을 고르거나 쓰세요.**

| 내용 | 한글 프로그램을 이용하여 곤충 도감 만들기 |
|---|---|
| 신청 기간 | 7월 9일(월) ~ 7월 13일(금) |
| 수강료 | 35,000원 |
| 신청 장소 | 본관 2층 컴퓨터실 |

1. 무엇을 이용하여 곤충 도감을 만든다고 했나요?

　　　　　　　　프로그램

2. 이 강좌를 신청할 수 있는 기간은 언제까지인가요?

　　월　　일까지

3. 컴퓨터실은 어디 있나요?

4. 수강료는 얼마인지 윗글에서 찾아 ○ 하고, 그 가격만큼 아래의 지폐를 묶어 보세요.

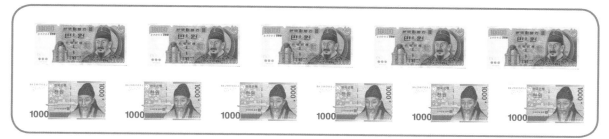

'도감'의 뜻을 알아봅시다.

도감 → 동물 또는 식물의 사진이나 그림을 모아둔 책

 다음 그림과 설명을 보고 빈칸에 알맞은 도감 이름을 써 보세요.

도감

여러 식물의 사진이나 그림을 모아둔 책

도감

여러 동물의 사진이나 그림을 모아둔 책

도감

여러 곤충의 사진이나 그림을 모아둔 책

컴퓨터의 한글 프로그램( )으로 다음과 같이 자신을 소개하는 글을 작성해 보세요.

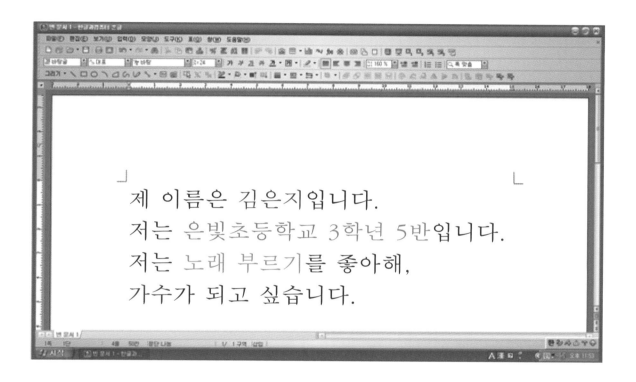

제 이름은 김은지입니다.
저는 은빛초등학교 3학년 5반입니다.
저는 노래 부르기를 좋아해,
가수가 되고 싶습니다.

1. 컴퓨터를 켭니다.

2. 바탕화면에서 한글 프로그램 아이콘 을
   더블클릭 합니다.

3. 이름과 학교, 학년 반, 내가 좋아하는 것,
   내 꿈을 생각하며 나를 소개하는 글을 작성합니다.

# 안전하게 사용해요

간편하게 음식을 조리할 수 있는 전자레인지! 하지만 조심하지 않으면 위험할 수 있어요.

1. 도자기, 유리 등 전자레인지용 그릇을 사용하세요.
2. 컵라면 용기, 알루미늄 포일, 플라스틱, 금속 용기 등은 사용하면 안 돼요.
3. 데워진 음식은 뜨거우니 오븐용 장갑을 끼고 꺼내세요.
4. 달걀이나 밤 등 껍질이 있는 음식은 넣지 마세요.
5. 포장된 음식은 뚜껑을 조금 열고 가열하세요.
6. 전자레인지를 사용할 때는 멀리 떨어져 있어야 안전해요.

★용기: 물건을 담는 그릇

**전자레인지에서 사용할 수 있는 그릇에 ○ 하세요.**

 **글마중을 읽고 바른 설명에는 ○, 틀린 설명에는 X를 하세요.**

| | |
|---|---|
| 유리컵은 전자레인지에서 사용할 수 있어요. | |
| 컵라면도 전자레인지로 끓여 먹을 수 있어요. | |
| 데워진 음식은 오븐용 장갑을 끼고 꺼내요. | |
| 전자레인지로 달걀을 구워 먹어요. | |
| 포장된 음식은 뚜껑을 조금 열고 가열해요. | |

**다음 글을 읽고 알맞은 답을 고르거나 쓰세요.**

간편하게 음식을 조리할 수 있는 전자레인지!
하지만 조심하지 않으면 위험할 수 있어요.

1. 도자기, 유리 등 전자레인지용 그릇을 사용하세요.

2. 컵라면 용기, 알루미늄 포일, 플라스틱, 금속 용기 등은 사용하면 안 돼요.

1. 윗글은 무엇을 설명하는 글인가요? ─────── (         )

① 요리 방법                  ② 좋은 그릇을 고르는 방법
③ 전자레인지 사용 방법      ④ 전자레인지 조립 방법

2. 전자레인지로 조리할 때는 어떤 그릇을 사용해야 하나요?



3. 다음 중 전자레인지를 바르게 사용한 어린이는 누구인가요?
──────────────────────────── (         )

① 예나: 냄비에 든 찌개를 전자레인지로 데우려고 해요.
② 희찬: 유리컵에 우유를 따라 전자레인지에 데우려고 해요.
③ 승지: 컵라면을 전자레인지로 끓여 먹으려고 해요.
④ 지후: 피자를 포일로 덮어 전자레인지로 데우려고 해요.

**다음 글을 읽고 알맞은 답을 고르거나 쓰세요.**

3. 데워진 음식은 뜨거우니 오븐용 장갑을 끼고 꺼내세요.

4. 달걀이나 밤 등 껍질이 있는 음식은 넣지 마세요.

5. 포장된 음식은 뚜껑을 조금 열고 가열하세요.

6. 전자레인지를 사용할 때는 멀리 떨어져 있어야 안전해요.

1. 달걀이나 밤을 전자레인지에 넣으면 안 되는 이유는 무엇일까요?
                                                      (          )

   ① 엄마에게 혼나기 때문에

   ② 껍질이 있는 음식은 터질 수 있기 때문에

   ③ 껍질이 탈 수 있기 때문에

   ④ 음식이 상할 수 있기 때문에

2. 전자레인지 사용법을 바르게 설명한 것에 ○ 하세요.

| | |
|---|---|
| 데워진 밥을 그냥 손으로 꺼내요. | |
| 밤이나 소시지는 껍질에 칼집을 넣어 가열해요. | |
| 유리병에 든 두유는 뚜껑을 열고 데워요. | |
| 삶은 달걀을 전자레인지로 데워요. | |
| 피자가 잘 데워지고 있는지 전자레인지 바로 앞에서 지켜봐요. | |
| 전자파를 피해 전자레인지에서 멀리 떨어져 있어요. | |

월          일          요일     확인

 '플라스틱'과 '금속'에 대하여 알아봅시다.

**플라스틱** → 열이나 힘을 주어 모양을 만들 수 있는 재료,
또는 그렇게 만든 물건

**금속** → 열이나 전기를 잘 전달하고 광택이 나는 것.
금, 은, 동, 철 등이 있다.

 우리 주변에 플라스틱과 금속으로 만든 물건은 무엇이 있을까요? 플라스틱 물건은 '플라스틱', 금속 물건은 '금속'이라고 쓰세요.

월          일          요일     확인

 **전자레인지를 사용하여 즉석밥을 데워 보세요.**

[조리 방법]

1. 뚜껑을 점선 부근까지 벗기십시오.

2. 전자레인지에 2분간 데워 드십시오.

뚜껑을 [          ] 부근까지 벗깁니다.

전자레인지에 넣고 조리 시간을 [          ] 분으로 맞춥니다.

'조리시작' 버튼을 누르고 멀리 떨어져 기다립니다.

오븐용 [          ] 을 끼고 조심조심 꺼냅니다.

# 간편하게 컵라면

〈조리 방법〉

1. 용기 뚜껑을 표시 선까지 개봉하십시오.

2. 분말 수프를 뜯어 면 위에 넣으십시오.

3. 끓는 물을 용기 안쪽 표시 선까지 부으십시오.

4. 뚜껑을 덮으십시오.

5. 3분 후 잘 저어 드십시오.

월        일        요일        확인

 글마중을 읽고 아래 사진에 순서대로 번호를 쓰세요.

**다음 글을 읽고 알맞은 답을 고르거나 쓰세요.**

〈조리 방법〉

1. 용기 뚜껑을 표시 선까지 개봉하십시오.
2. 분말 수프를 뜯어 면 위에 넣으십시오.

1. 위의 글은 무엇을 설명하는 글인가요? ············· (　　　)

① 뚜껑을 여는 방법　　　② 수프를 먹는 방법
③ 라면을 끓이는 방법　　④ 컵라면을 조리하는 방법

2. '뚜껑을 개봉하십시오'는 무슨 뜻일까요? ········· (　　　)

① 뚜껑을 찢으십시오.　　② 뚜껑을 여십시오.
③ 뚜껑을 닫으십시오.　　④ 뚜껑을 버리십시오.

3. 뚜껑을 어디까지 열어야 할까요? ··············· (　　　)

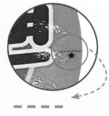 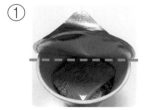  

뚜껑 표시 선　　　뚜껑 표시 선까지　　　뚜껑 끝까지　　　뚜껑 앞쪽까지

4. 면 위에 무엇을 넣어야 하나요?

**다음 글을 읽고 알맞은 답을 고르거나 쓰세요.**

3. 끓는 물을 용기 안쪽 표시 선까지 부으십시오.

4. 뚜껑을 덮으십시오.

5. 3분 후 잘 저어 드십시오.

1. 용기 안쪽 표시 선까지 무엇을 부어야 하나요? ···· (        )

① 차가운 물               ② 미지근한 물
③ 얼음물                   ④ 끓는 물

2. 물은 어디까지 넣는 것이 좋을까요? ················· (        )

①           ②            ③

아랫부분까지          용기 안쪽          윗부분까지
                    표시 선까지

3. 물을 부은 후 어떻게 해야 하나요?

4. 물을 넣고 나서 몇 분 후에 라면을 먹을 수 있나요?

[        ] 분 후

## 낱말 창고

월        일        요일    확인

**컵라면 조리 방법에 쓰인 낱말을 알아봅시다.**

| | | |
|---|---|---|
| **조리** | → | 음식을 요리하는 방법이나 과정 |
| **용기** | → | 물건을 담는 그릇 |
| **개봉** | → | 닫혀있는 것을 열다 |
| **분말** | → | 가루 |

1. 먼저 [          ] 방법을 잘 읽어 보세요.

2. 물을 끓인 후 면과 [          ] 수프, 건더기 수프를 넣고 4~5

분 정도 더 끓여 드시면 됩니다.

3. 컵라면 뚜껑을 표시 선까지 [          ] 하십시오.

4. 전자레인지로 조리할 때에는 적절한 [          ] 를 사용

해야한다.

5. 선물로 받은 상자를 [          ] 했다.

월        일        요일      확인

 **음식을 안전하게 먹기 위해 주의해야 할 점을 알아봅시다.**

우유, 두부, 달걀 등 식품을 살 때는 **제조일자**와 **유통기한**을 확인합니다.

제조일자 → 식품을 만든 날짜

유통기한 → 상품을 팔 수 있도록 정해놓은 날짜

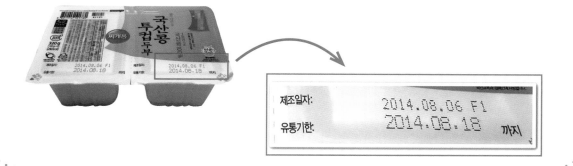

 **식품을 하나 골라서 제조일자와 유통기한을 확인하고 써 보세요.**

| 식품의 이름 | |
|---|---|
| 제조일자 | |
| 유통기한 | |

글마중

# 문자 왔어요

엄마!
내일 요리 동아리에서 잡채를
만들어요. 당면과 파프리카를
가져가야 하는데 어떻게 하죠?

용민아,
집에 파프리카는 있는데 당
면은 떨어졌구나. 엄마가 집
에 가는 길인데 도착할 때쯤
전화할게. 해피마트 앞에서
만나 당면부터 사고 저녁도
먹자. 미리 숙제하고 가방도
챙겨놓으렴.

**글마중을 읽고 알맞은 내용에 ○ 하세요.**

| | |
|---|---|
| 1. 용민이는 내일 등산 동아리에서 북한산을 간다. | |
| 2. 용민이는 요리 동아리 활동을 한다. | |
| 3. 내일 요리 동아리에서 떡 만들기를 한다. | |
| 4. 엄마는 용민이에게 부엌에 당면이 있는지 찾아보라고 하셨다. | |
| 5. 엄마와 해피마트에서 만나 점심을 먹기로 했다. | |
| 6. 용민이는 엄마와 해피마트에서 당면을 살 것이다. | |
| 7. 엄마가 숙제하고 가방을 챙겨놓으라고 하셨다. | |

**다음 글을 읽고 알맞은 답을 고르거나 쓰세요.**

> ✉ 엄마! 내일 요리 동아리에서 잡채를 만들어요.
>   당면과 파프리카를 가져가야하는데 어떻게 하죠?

> ✉ 용민아, 집에 파프리카는 있는데 당면은 떨어졌구나.
>   엄마가 집에 가는 길인데 도착할 때쯤 전화할게.
>   해피마트 앞에서 만나 당면부터 사고 저녁도 먹자.
>   미리 숙제하고 가방도 챙겨놓으렴.

1. 누가 문자 메시지를 주고 받았나요?

   ☐ , ☐

2. 용민이가 엄마에게 문자를 보낸 이유는 무엇인가요? (    )

   ① 엄마가 어디 있는지 궁금해서
   ② 동아리 준비물을 가져가야 해서
   ③ 잡채가 먹고 싶어서
   ④ 해피마트에서 저녁을 먹으려고

3. 용민이는 요리 동아리에서 무엇을 만들기로 했나요?

   ☐

4. 엄마가 보낸 문자 내용으로 알맞은 것을 고르세요. (          )

① 당면과 파프리카는 냉장고에 있어.

② 부엌에 당면이 있는지 찾아보렴.

③ 엄마랑 마트에서 함께 당면 사자.

④ 엄마랑 집에서 저녁 먹을래?

5. 엄마와 어디서 만나기로 했나요?



6. 엄마와 해피마트에서 만나기 전에 해야 할 일을 고르세요.

　　　　　　　　　　　　　　　　　　　　　(          ,          )

① 부엌에 당면이 있는지 찾아보기　　② 숙제 해놓기

③ 태권도 학원 다녀오기　　　　　　④ 가방 챙겨놓기

7. 엄마와 해피마트에서 만나 할 일은 무엇인가요? 모두 고르세요.

　　　　　　　　　　　　　　　　　　　　　(          ,          )

① 저녁식사 하기　　　　　② 당면 사기

③ 동아리 활동하기　　　　④ 가방 사기

학교나 사회에서 취미활동을 함께 하려고 모인 모임을 '동아리' 또는 '동호회'라고 합니다. 우리 학교에 있는 동아리 이름을 알아보고 써 보세요.

 동아리, 동호회의 이름과 활동을 알맞게 연결해 보세요.

**등산 동아리**

**사진 동호회**

**기타 동아리**

기타를 배워요.
연주회를 열어요.

산에 올라가요.

카메라 사용법을 배워요.
사진을 찍으러 다녀요.

휴대폰으로 문자를 보내고 싶은 사람을 생각해 보세요. 그 사람에게 문자로 보내고 싶은 말을 아래에 써 보세요.

# 백희나 작가님께

받은편지함　**편지쓰기**

⇨ **보내기**　　임시저장　　미리보기

| 보내는 사람 | 권도현 〈kinoni@mail.com〉 |
|---|---|
| 받는 사람 ☐ 내게쓰기 | storybowl@mail.com |
| 참조 | |
| 제목 | 백희나 작가님께 |

안녕하세요.

저는 덕소초등학교에 다니는 권도현이라고 해요. 선생님과 〈구름빵〉 책을 읽었는데 너무 재밌었어요. 그 책을 보고 구름빵을 먹고 싶다는 생각을 했어요. 하늘을 날고 싶다는 생각도 했어요.

그 다음에 〈장수탕 선녀님〉도 찾아서 읽었어요. 덕지가 냉탕에서 수영하는 장면이 엄청 웃겼어요. 선녀님이 정말로 있었으면 좋겠어요.

작가님, 더 재미있는 책을 만들어주세요.

그럼 안녕히 계세요.

－권도현 올림－

 메일을 쓸 때 꼭 써야 하는 것을 알아보고 아래 〈보기〉에서 골라 빈칸에 쓰세요.

받은편지함   **편지쓰기**

⇨ **보내기**   임시저장   미리보기

보내는 사람    권도현 〈kinoni@mail.com〉
받는 사람 □ 내게쓰기   storybowl@mail.com  ←
참조
제목    백희나 작가님께  ←

안녕하세요. ↓

저는 덕소초등학교에 다니는 권도현이라고 해요. 선생님과 〈구름빵〉 책을 읽었는데 너무 재밌었어요. 그 책을 보고 구름빵을 먹고 싶다는 생각을 했어요. 하늘을 날고 싶다는 생각도 했어요.

그 다음에 〈장수탕 선녀님〉도 찾아서 읽었어요. 덕지가 냉탕에서 수영하는 장면이 엄청 웃겼어요. 선녀님이 정말로 있었으면 좋겠어요.

작가님, 더 재미있는 책을 만들어주세요.

그럼 안녕히 계세요.

-권도현 올림-

〈보기〉    메일 주소    제목    내용

★메일: 컴퓨터를 사용하여 인터넷으로 보내는 편지(전자우편)

다음 글을 읽고 알맞은 답을 고르거나 쓰세요.

| 받은편지함 | **편지쓰기** |
|---|---|

⇨ 보내기    임시저장    미리보기

| 보내는 사람 | 권도현 〈kinoni@mail.com〉 |
|---|---|
| 받는 사람 □ 내게쓰기 | storybowl@mail.com |
| 참조 | |
| 제목 | 백희나 작가님께 |

1. 위와 같이 인터넷에서 편지를 보내는 것을 무엇이라고 하나요?
   ························································· (          )

   ① 엽서          ② 메일          ③ 문자          ④ 편지

2. 누구에게 쓴 메일인가요?

   [                    ]

3. 메일을 쓸 때 '받는 사람' 칸에 무엇을 써야 하나요? (          )

   ① 보내는 사람의 이름          ② 첫인사
   ③ 받는 사람의 메일 주소       ④ 받는 사람의 전화번호

4. 메일을 다 쓰고 나서 상대방에게 보내려 합니다. 마우스로 어떤
   것을 클릭해야 할까요? ···························· (          )

   ① 미리보기    ② 보내기    ③ 임시저장    ④ 받은편지함

다음 글을 읽고 알맞은 답을 고르거나 쓰세요.

안녕하세요.

저는 덕소초등학교에 다니는 권도현이라고 해요.

선생님과 〈구름빵〉 책을 읽었는데 너무 재밌었어요. 그 책을 보고 구름빵을 먹고 싶다는 생각을 했어요. 하늘을 날고 싶다는 생각도 했어요.

그 다음에 〈장수탕 선녀님〉도 찾아서 읽었어요. 덕지가 냉탕에서 수영하는 장면이 엄청 웃겼어요. 선녀님이 정말로 있었으면 좋겠어요. 작가님, 더 재미있는 책을 만들어주세요.

그럼 안녕히 계세요.

-권도현 올림-

1. 이 편지에 나온 그림책 두 개를 고르세요. (      ,      )

① 구름빵                ② 나무꾼과 선녀
③ 삐약이 엄마            ④ 장수탕 선녀님

2. 편지의 내용과 <u>다른</u> 것을 고르세요. ............ (      )

① 〈구름빵〉을 읽고 재미있었다.
② 〈장수탕 선녀님〉을 재미있게 읽었다.
③ 〈구름빵〉을 보고 솜사탕이 먹고 싶었다.
④ 〈장수탕 선녀님〉에서 덕지가 수영하는 장면이 웃겼다.

3. 도현이가 백희나 작가에게 부탁한 말은 무엇인지 찾아 쓰세요.

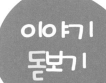

 **다음 글을 읽고 알맞은 답을 고르거나 쓰세요.**

| 받은편지함 | **편지쓰기** |
| --- | --- |

| ⇨ 보내기 | 임시저장 | 미리보기 |
| --- | --- | --- |

보내는 사람          권도현 〈kinoni@mail.com〉
받는 사람 □ 내게쓰기    storybowl@mail.com
참조
제목                백희나 작가님께

| 받은편지함 | 내게쓰기 × | 내게쓴편지함 × | **편지쓰기** |
| --- | --- | --- | --- |

| 닫기 | 쓰던 페이지 가기 | 새편지 쓰기 |
| --- | --- | --- |

메일이 정상적으로 전송되었습니다.

· **제목** : 백희나 작가님께
· **받는사람** : "storybowl@mail.com"
  ☑ 메일 발송 시, 새로운 메일 주소를 자동으로 주소

**1. 메일을 다 쓴 후 보내려면 어떤 버튼을 클릭해야 할까요?**

**2. 메일과 관련된 설명 중 틀린 것을 고르세요.** ········· (        )

① 받는 사람의 메일 주소를 알아야 보낼 수 있다.

② 메일의 제목을 쓰는 칸이 따로 있다.

③ '전송'은 메일을 보낸다는 뜻이다.

④ 메일을 보내려면 우표가 필요하다.

**3. 메일이 상대방에게 잘 보내지면 화면에 무엇이라고 뜨나요?**
.................................................................................... (        )

① 메일이 정상적으로 전송되었습니다.

② 죄송합니다. 메일을 다시 보내주십시오.

③ 없는 메일 주소입니다. 확인해보시기 바랍니다.

④ 다른 메일을 또 보내시겠습니까?

멀리 떨어져 있는 사람에게 안부를 물을 수 있는 여러 방법과
종류를 알아보고 연결해 보세요.

받은편지함  **편지쓰기**

⇨ 보내기   일시저장   미리보기

보내는 사람          권도현 〈kino
받는 사람 □ 내게쓰기  storybowl@m
참조
제목                 백희나 작가님

메일

휴대폰이나 집전
화기로 상대방의
전화번호를 눌러
통화해요.

편지
엽서

휴대폰에서 문자
메시지를 입력해
서 보내요.

전화

인터넷에서 전자
우편으로 편지를
보내요.

문자
메시지

편지지나 엽서에
내용을 써서 우편
으로 보내요.

메일이나 편지를 보내는 사람과 받는 사람에 알맞은 인사말을
찾아 〈예시〉와 같이 색칠하세요.

〈예시〉

| 받는 사람 | | 첫인사 | 끝인사 | 보내는 사람 | |
|---|---|---|---|---|---|
| 할머니 | 에게 | 안녕? | 잘 지내. | 지원 | 씀 |
| | 께 | 안녕하세요? | 안녕히 계세요. | | 올림 |

| 받는 사람 | | 첫인사 | 끝인사 | 보내는 사람 | |
|---|---|---|---|---|---|
| 준현이 | 에게 | 안녕? | 잘 지내. | 지아 | 씀 |
| | 께 | 안녕하세요? | 안녕히 계세요. | | 올림 |

| 받는 사람 | | 첫인사 | 끝인사 | 보내는 사람 | |
|---|---|---|---|---|---|
| 수현이 | 에게 | 안녕? | 잘 지내. | 엄마 | 씀 |
| | 께 | 안녕하세요? | 안녕히 계세요. | | 올림 |

| 받는 사람 | | 첫인사 | 끝인사 | 보내는 사람 | |
|---|---|---|---|---|---|
| 경찰 아저씨 | 에게 | 안녕? | 잘 지내. | 민희 | 씀 |
| | 께 | 안녕하세요? | 안녕히 계세요. | | 올림 |

 메일 쓰기를 연습해볼까요? 먼저 나와 상대방의 메일 주소를 알고, 메일에 쓸 내용을 적어 봅시다.

나의 메일 주소:

_____의 메일 주소:

# 바로 해 먹는 즉석 카레

| 조리 방법 | |
|---|---|
| <br>끓는 물에<br>3분 | 1. 봉지 그대로 끓는 물에 넣고 3분간 데우세요.<br>2. 꺼낼 때 젓가락 구멍을 이용하면 편리합니다.<br>3. 카레를 따뜻한 밥에 부어 맛있게 드세요.<br><br>*주의! 가열된 제품은 매우 뜨거우니 주의하십시오. |
| <br>전자레인지에<br>2분 | 1. 뜯는 곳을 잘라 카레를 밥 위에 부으세요.<br>2. 그릇에 전자레인지용 덮개나 랩을 씌우세요.<br>3. 전자레인지에 2분간 데워 드세요.<br><br>*주의! 봉지째 넣으면 위험하니 반드시 전자레지용 용기를 사용하십시오. |

글마중을 읽고 즉석 카레를 조리하는 순서에 맞게 차례대로 번호를 쓰세요.

## [끓는 물에 3분]

| | | |
|---|---|---|
|  |  |  |
| 카레를 따뜻한 밥에 부어 맛있게 드세요. | 봉지 그대로 끓는 물에 3분간 데우세요. | 꺼낼 때 젓가락 구멍을 이용하면 편리합니다. |
| | | |

## [전자레인지에 2분]

| | | |
|---|---|---|
|  |  |  |
| 뜯는 곳을 잘라 카레를 밥 위에 부으세요. | 전자레인지에 2분간 데워 드세요. | 그릇에 전자레인지용 덮개나 랩을 씌우세요. |
| | | |

**다음 글을 읽고 알맞은 답을 고르거나 쓰세요.**

[끓는 물에 3분]

1. 봉지 그대로 끓는 물에 넣고 3분간 데우세요.

2. 꺼낼 때 젓가락 구멍을 이용하면 편리합니다.

3. 카레를 따뜻한 밥에 부어 맛있게 드세요.

*주의! 가열된 제품은 매우 뜨거우니 주의하십시오.

1. 끓는 물에 즉석 카레를 조리할 때 첫 번째 해야 할 일은 무엇인가요? ·······························(        )

① 카레를 밥 위에 붓는다.

② 젓가락 구멍을 이용하여 꺼낸다.

③ 뜯는 곳을 잘라 카레를 끓는 물에 넣어 끓인다.

④ 봉지 그대로 끓는 물에 데운다.

2. 봉지를 꺼낼 때 무엇을 이용하면 편리하다고 했나요?

|  |
|  |

3. 끓는 물에 즉석 카레를 조리할 때 어떤 점을 주의해야 할까요? ·······································(        )

① 칼에 손을 베지 않도록 주의한다.

② 매우 뜨거우므로 데지 않도록 주의한다.

③ 꺼낼 때 숟가락을 이용하면 편리하다.

④ 전자레인지용 그릇을 사용한다·

이야기
돋보기

 **다음 글을 읽고 알맞은 답을 고르거나 쓰세요.**

[전자레인지에 2분]

1. 뜯는 곳을 잘라 카레를 밥 위에 부으세요.

2. 그릇에 전자레인지용 덮개나 랩을 씌우세요.

3. 전자레인지에 2분간 데워 드세요.

*주의! 봉지째 넣으면 위험하니 반드시 전자레인지용 용기를 사용하십시오.

1. 전자레인지에 즉석 카레를 조리할 때 첫 번째 해야 할 일은
   무엇인가요? ·········································(      )

   ① 카레를 밥 위에 붓는다.

   ② 그릇에 랩을 씌운다.

   ③ 뜯는 곳을 잘라 카레를 끓는 물에 넣어 끓인다.

   ④ 봉지 그대로 끓는 물에 데운다.

2. 그릇에 무엇을 씌워야 하나요?

   |  |
   |---|

   또는

   |  |
   |---|

3. 전자레인지를 이용할 때의 바른 설명은 무엇인가요?(      )

   ① 봉지째 전자레인지에 넣으면 안전하다.

   ② 반드시 전자레인지용 그릇을 사용한다.

   ③ 덮개를 씌우지 않고 데워도 괜찮다.

   ④ 꺼낼 때 젓가락 구멍을 이용한다.

**글마중을 다시 읽고 알맞은 답을 고르거나 쓰세요.**

1. 글마중은 무엇을 설명한 글인가요?

   [                    ]를 조리하는 방법

2. 즉석 카레를 조리하는 두 가지 방법은 무엇인가요?

   ① _____

   ② _____

3. 즉석 카레를 조리하는 데 걸리는 시간을 써 보세요.

   끓는 물에 [    ]분, 전자레인지에 [    ]분

4. 어울리는 것끼리 선을 연결해 보세요.

   | 봉지 그대로 끓는 물에 넣어 3분간 데운다. | • | • | 끓는 물에 데우기 |

   | 뜯는 곳을 잘라 카레를 밥 위에 부어 데운다. | • | • | 전자레인지에 데우기 |

가공식품에 대해 알아봅시다.

**가공식품** → 농산물, 축산물, 수산물을 오래 보관하고
쉽게 조리하도록 만든 식품

**즉석식품** → 간단히 조리할 수 있고, 쉽게 상하지 않고
가지고 다닐 수 있도록 만든 식품
인스턴트식품이라고도 함

**냉동식품** → 오래 보관하기 위하여 얼린 식품

**통조림** → 고기나 과일을 깡통에 넣어 오래 보관할 수 있는 식품

 다음을 알맞게 줄로 연결해 보세요.

    •                    •  즉석식품
(인스턴트식품)

    •                    •  냉동식품

    •                    •  통조림

**낱말 창고**

월        일        요일    확인

여러 조리 방법 관련 낱말을 알아보고, 빈칸에 알맞은 말을 넣어 문장을 완성해 보세요.

| | | |
|---|---|---|
|  **끓이다** | 음식에 물을 넣어 불 위에 올려놓고 익히다. | 찌개를 끓이다.<br>미역국을 끓이다.<br>☐ 을(를) 끓이다. |
|  **굽다** | 음식에 물을 넣지 않고 불에 익히다. | 고기를 굽다.<br>빵을 굽다.<br>☐ 을(를) 굽다. |
|  **데치다** | 끓는 물에 음식을 넣어 살짝 익히다. | 브로콜리를 데치다.<br>오징어를 데치다.<br>☐ 을(를) 데치다. |
|  **찌다** | 뜨거운 김으로 익히다. | 송편을 찌다.<br>고구마를 찌다.<br>☐ 을(를) 찌다. |

월        일        요일      확인

 간편하게 식사를 해야 할 때 어떤 즉석식품을 먹으면 좋을까요?
먹고 싶은 즉석식품을 하나 사서 조리 방법을 써 보세요.

[조리방법]

## 글마중 에코포트에 검은콩을 심어요

1. 에코포트 밑에 물받침을 놓습니다.

2. 에코포트에 흙을 넣고 종이컵 반 정도 물을 부어줍니다.

3. 씨앗을 1~3cm 깊이로 심습니다.

4. 분무기로 물을 살살 뿌려줍니다.

5. 에코포트를 햇볕이 잘 드는 곳에 둡니다.

6. 7~10일 후에 싹이 나옵니다.

7. 싹이 나온 후 한 달 정도 지나 에코포트를 통째로 화분에 옮겨 심습니다.

*에코포트 :
그대로 화분에 옮겨 심으면 흙 속에서
저절로 썩는 친환경 화분입니다.

글마중을 읽고 아래 사진에 맞게 에코포트에 검은콩을 심는 방법을 써 보세요.

1. 에코포트 밑에 물받침을 놓습니다.

2.

3.

4.

5.

6.

➪ 한 달 후에는 화분으로 옮겨 심어요.

**다음 글을 읽고 알맞은 답을 고르거나 쓰세요.**

〈에코포트에 검은콩을 심어요〉

1. 에코포트 밑에 물받침을 놓습니다.
2. 에코포트에 **흙을 넣고 종이컵** 반 정도 물을 붓습니다.
3. 씨앗을 1~3cm 깊이로 심습니다.
4. 분무기로 물을 살살 뿌려줍니다.

1. 무엇에 대한 설명인가요?

2. 에코포트에 흙을 넣기 전에 해야 할 일은 무엇인가요?(        )
   ① 분무기로 살살 물을 뿌린다.
   ② 햇볕이 잘 드는 곳에 에코포트를 둔다.
   ③ 에코포트 밑에 물받침을 놓는다.
   ④ 검은콩이 잘 자라도록 두 손 모아 기도한다.

3. 에코포트에 흙을 넣고 물은 어느 정도 줘야 하나요?

4. 씨앗을 1~3cm 깊이로 심어야 한다고 했습니다. 다음 그림에
   3cm까지 색칠해 보세요.

   1cm   2cm   3cm   4cm   5cm   6cm

**다음 글을 읽고 알맞은 답을 고르거나 쓰세요.**

5. 햇볕이 잘 드는 곳에 에코포트를 둡니다.

6. 7~10일 후에 싹이 나옵니다.

7. 싹이 나온 후 한 달 정도 지나 에코포트를 통째로 화분에 옮겨 심습니다.

*에코포트: 그대로 화분에 옮겨 심으면 흙 속에서 저절로 썩는 친환경 화분입니다.

1. 싹은 언제쯤 나온다고 하였나요?

2. 싹이 나온 후 한 달 정도가 되면 어떻게 해야 하나요?

3. 에코포트를 통째로 화분에 옮겨 심으면 어떻게 될까요?(    )

① 에코포트는 썩지 않지만 검은콩은 잘 자란다.

② 검은콩이 죽을 것이다.

③ 에코포트가 썩지 않아서 다시 다른 화분에 옮겨 심는다.

④ 에코포트는 흙 속에서 저절로 썩는다.

식물을 화분에 심을 때 필요한 것이 무엇인지 써 보세요.

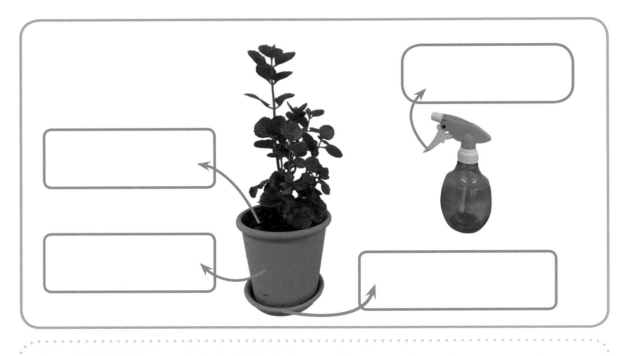

<보기>     화분        물받침        흙        분무기

빈칸에 알맞은 말을 <보기>에서 찾아 쓰세요.

식물이 잘 자라기 위해서는 적당한 [          ],

[          ],  [          ] 가 필요합니다.

<보기>   밥      햇빛      온도      화분      물

**소리 내어 읽을 때와 쓸 때 다른 말이 있어요.**

읽을 때는 앞 글자의 받침이 뒷글자로 넘어가 소리가 나기 때문이에요.

예) 쓸 때  : 동생이 넘어졌습니다.
　　읽을 때: 동생이 너머져씀니다.

 **문장 중 틀린 글자를 바르게 고쳐서 써 보세요.**

| | |
|---|---|
| 에코포트 미테 물받침을 놓습니다.<br><br>▶ |  |
| 씨아슬 1~3cm 기피에 심습니다.<br><br>▶ |  |
| 7~10일 후에 싸기 나옵니다.<br><br>▶ |  |

 **바르게 쓴 것을 골라 ○ 하세요.**

1. 민기는 진호가 찬 축구공을 ( 바다써요, 받았어요. )

2. 우산 ( 셋이서, 세시서 ) 나란히 ( 걸어가요, 거러가요. )

3. 우유를 바닥에 ( 쏘다서, 쏟아서 ) 청소를 했어요.

4. 엄마의 생일에 ( 꽃을, 꼬츨 ) 선물했어요.

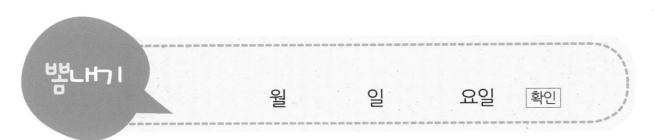
 **내가 키우고 싶은 식물을 그려 보고, 식물 이름을 써 보세요.**

월        일        요일    확인

 **꾸밈말을 알아봅시다.**

귀여운 아기가 자요.

맛있는 자장면을 먹었다.

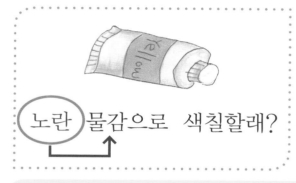

노란 물감으로 색칠할래?

흐린 날씨가 되었다.

꾸밈말은 뒤에 나오는 말을
좀 더 자세히 표현하는 말입니다.

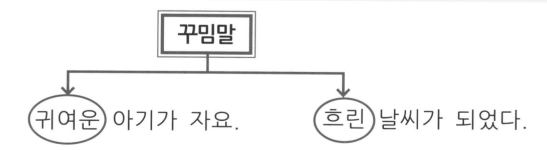

꾸밈말

귀여운 아기가 자요.        흐린 날씨가 되었다.

선생님께 한마디  꾸밈말(수식언)은 관형어와 부사어가 있습니다. 관형어는 체언(명사, 대명사, 수사)을 꾸며주는 역할을 하며 문장에서 '어떤'이나 '~의'에 해당하는 것입니다(예: 새 옷, 나의 옷, 쓸쓸한). 이 단원에서는 체언에 'ㅡㄴ'이 붙은 관형어를 주로 익힙니다. 용어를 익히는 것보다 문장구조에 맞게 쓰는 것이 목표이므로 학생들의 연령이나 능력에 따라 '꾸밈말' 대신 '어떤'에 해당되는 부분이라고 설명해주어도 좋습니다.

월        일        요일     확인

 **꾸밈말을 찾아 ○ 하고 꾸밈을 받는 말에 화살표로 표시하세요.**

 착한 어린이가 되어라.

꾸밈말을 써서 뒤에 오는 말을 자세하게 표현합니다.

| | |
|---|---|
| | 질긴 고기를 먹었다. |
| | 아름다운 새소리가 들린다. |
| | 야, 신나는 방학이다! |
| | 역시 차가운 우유가 맛있어. |
| | 뜨거운 햇살이 비추었다. |
| | 두꺼운 책을 읽었다. |
| | 예쁜 구두를 골라 신었다. |

**그림에 어울리는 꾸밈말을 <보기>에서 찾아 써 보세요.**

[          ] 케이크를 먹었다.

생일에 [          ] 인형을 받았다.

[          ] 소리가 났다.

[          ] 바람을 쐬었다.

바구니에 [          ] 사과가 있다.

난 [          ] 날씨가 싫다.

[          ] 영화를 보고 울었다.

<보기>

| 커다란 | 뜨거운 | 뾰족한 | 시끄러운 | 시원한 |
| 슬픈 | 새빨간 | 맛있는 | 흐린 | 달콤한 |

## 우리말 약속

 **파란색 낱말을 꾸밈말로 바꿔 써 보세요.**

 하늘은 푸르다.  →  푸른 하늘

꾸밈말로 바꿀 때에는 끝을 '~ㄴ'으로 바꿔줍니다.

| | | | |
|---|---|---|---|
| | 시계가 둥글다. | → | [ ] 시계 |
| | 타조가 달린다. | → | [ ] 타조 |
| | 아이가 재채기한다. | → | [ ] 아이 |
| | 도깨비가 무섭다. | → | [ ] 도깨비 |
| | 영화가 재미있다. | → | [ ] 영화 |
| | 셔츠가 파랗다. | → | [ ] 셔츠 |

**꾸밈말을 넣어 문장을 완성하세요.**

[          ] 무지개가 떴다.

아저씨가 [          ] 짐을 들고 오셨다.

우리는 [          ] 목소리로 대답했다.

꽃에서 [          ] 냄새가 난다.

추운데 왜 [          ] 옷을 입었니?

나를 [          ] 친구가 밉다.

사자는 [          ] 그늘에서 낮잠을 잤다.

[          ] 아이는 하품을 했다.

# 우리말 약속

월      일      요일    확인

 그림을 보고 순서에 맞게 문장을 써 보세요.

| | 귀여운 | 강아지가 | 달려갑니다. |
|---|---|---|---|
| | 꾸밈말 | 임자말 | 풀이말 |

※꾸밈말을 쓸 때는 이런 순서로 씁니다.

**꾸밈말 + 임자말  또는  부림말 + 풀이말**

| | | |
|---|---|---|
| | 예쁜 _____ _____. | 피었습니다<br>민들레꽃이<br>예쁜 |
| | _____ 여름방학을 _____. | 여름방학을<br>신나는<br>맞았습니다 |
| | _____ _____ _____. | 놀이를<br>재미있는<br>합니다 |
| | _____ _____ _____. | 냄새가<br>향긋한<br>납니다 |
| | _____ _____ _____. | 개나리가<br>피었습니다<br>노란 |
| | _____ _____ _____. | 수박이<br>둥근<br>열렸습니다 |

우리말 약속

 왼쪽에 있는 꾸밈말을 넣어 문장을 만들어 보세요.

| 기쁜 | ⇨ | 기쁜 소식이 왔다. |
| 파란 | ⇨ | |
| 맛있는 | ⇨ | |
| 시원한 | ⇨ | |
| 깜깜한 | ⇨ | |
| 재미있는 | ⇨ | |
| 멋있는 | ⇨ | |
| 소중한 | ⇨ | |

# 송 편

송편은 추석에 먹는 대표적인 음식입니다. 쌀가루를 뜨거운 물로 반죽해 송편을 만듭니다. 송편은 보름달이나 반달 모양으로 빚습니다.

송편에 넣는 것을 '소'라고 합니다. 송편의 소는 깨, 팥, 콩, 밤 등으로 만듭니다. 반죽에 쑥을 넣어 색을 내기도 합니다. 송편을 찔 때는 솔잎을 깔아 향을 냅니다.

★ 소: 송편이나 만두 등을 만들 때 속에 넣는 여러 가지 재료

월        일        요일     확인

글마중을 읽고 빈칸을 채워 보세요.

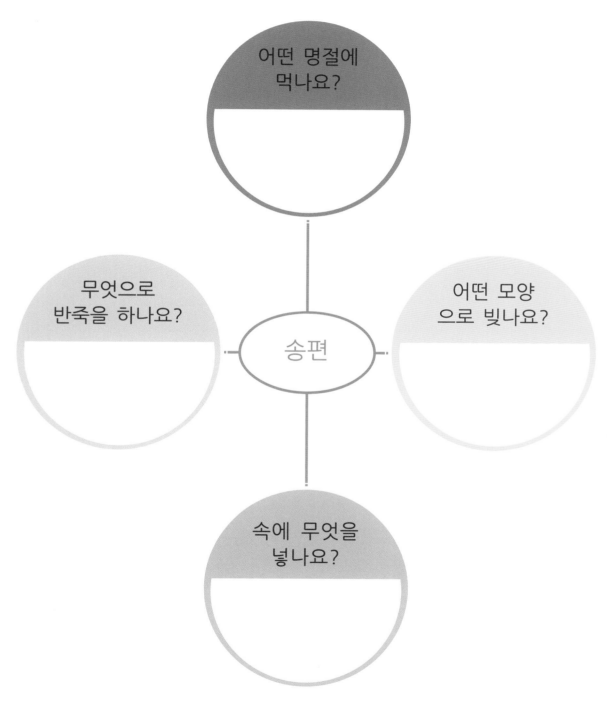

어떤 명절에
먹나요?

무엇으로
반죽을 하나요?

송편

어떤 모양
으로 빚나요?

속에 무엇을
넣나요?

**다음 글을 읽고 알맞은 답을 고르거나 쓰세요.**

송편은 추석에 먹는 대표적인 음식입니다. 쌀가루를 뜨거운 물로 반죽해 송편을 만듭니다. 송편은 보름달이나 반달 모양으로 빚습니다.

1. 송편은 언제 먹는 음식인가요? ......................... (        )

   ① 단오        ② 설날        ③ 추석        ④ 정월대보름

2. 송편은 무엇을 반죽해서 만드나요?  [        ]

3. 쌀가루를 어떻게 반죽하나요? ......................... (        )
   ① 차가운 물로 반죽한다.
   ② 튀겨서 만든다.
   ③ 뜨거운 물로 반죽한다.
   ④ 기름에 볶는다.

4. 송편을 어떤 모양으로 빚나요?

   [        ] 이나 [        ] 모양

[        ] 은 추석에 먹는 대표적인 음식입니다.

**다음 글을 읽고 알맞은 답을 고르거나 쓰세요.**

송편에 넣는 것을 '소'라고 합니다. 송편의 소는 깨, 팥, 콩, 밤 등으로 만듭니다. 반죽에 쑥을 넣어 색을 내기도 합니다. 송편을 찔 때는 솔잎을 깔아 향을 냅니다.

1. 송편 속에 넣는 것을 무엇이라고 하나요?

2. 송편의 소로 쓰이는 것을 모두 써 보세요.

3. 송편 속에 깨를 넣으면 '깨송편', 밤을 넣으면 ' '
   이 됩니다.

4. 송편에 쑥을 넣는 이유는 무엇인가요? ·············· (      )

   ① 쓴맛을 내기 위해          ② 색을 내기 위해
   ③ 깨끗하게 만들기 위해      ④ 건강에 좋아지라고

5. 향을 내기 위해 무엇을 깔고 송편을 찌나요?

   ☐ 의 ☐ 는 깨, 팥, 콩, 밤 등으로 만듭니다.

**다음 글을 읽고 알맞은 답을 고르거나 쓰세요.**

송편은 추석에 먹는 대표적인 음식입니다. 쌀가루를 뜨거운 물로 반죽을 해 송편을 만듭니다. 송편은 보름달이나 반달 모양으로 빚습니다.

송편에 넣는 것을 '소'라고 합니다. 송편의 소는 깨, 팥, 콩, 밤 등으로 만듭니다. 반죽에 쑥을 넣어 색을 내기도 합니다. 송편을 찔 때는 솔잎을 깔아 향을 냅니다.

1. 이 글은 무엇에 관한 설명인가요?

2. 다음 문장을 읽고 바른 설명이면 ○, 틀린 설명이면 X를 하세요.

| | |
|---|---|
| 송편은 설날에 먹는 대표적인 음식이다. | |
| 송편 속에 넣는 것을 '소'라고 한다. | |
| 밀가루로 송편을 만든다. | |
| 보름달이나 반달 모양으로 송편을 빚는다. | |
| 송편의 색을 내기 위해 솔잎을 깔고 찐다. | |

월        일        요일        확인

 **추석과 관련된 낱말을 알아봅시다.**

| | |
|---|---|
|  | [ ] 은 추석의 대표적인 음식입니다. |
|  | 추석 아침에는  를 지냅니다. |
|  | 추석날 산소에 [ ] 를 갔습니다. |
|  | 밤에 보름달을 보며 소원을 비는  도 합니다. |
|  | 손을 잡고 빙빙 도는 [ ] 도 재밌습니다. |

〈보기〉    송편    성묘    달맞이    차례    강강술래

월          일          요일     확인

 글마중을 다시 읽고 송편을 만드는 방법을 써 보세요.

### 재료

쌀가루, 뜨거운 물, ＿＿＿＿＿＿＿＿ , ＿＿＿＿＿＿＿＿ ,

＿＿＿＿＿＿＿＿

### 만드는 방법

| | |
|---|---|
| | ① 쌀가루에 ＿＿＿＿＿＿＿을 넣어 반죽한다. |
| | ② 송편에 넣을 소를 준비한다. 소는 ＿＿＿ ＿＿＿＿＿＿＿＿ (으)로 만든다. |
| | ③ 반죽을 동그랗게 만들어 ＿＿＿＿를 넣은 후 ＿＿＿＿＿ 모양으로 빚는다. |
| | ④ 찜통에 ＿＿＿＿＿을 깔고 찐다. |

# 국립중앙박물관

국립중앙박물관은 서울 용산구에 있다. 박물관 관람은 아침 9시부터 할 수 있고, 관람료는 무료이다. 매주 월요일은 박물관 휴관일이다.

국립중앙박물관에는 어린이박물관이 따로 있다. 어린이박물관에는 옛날 사람들이 살던 집과 옛날에 쓰던 그릇이 전시되어 있다. 옛날 사람들이 농사 지을 때 쓰던 도구도 있다. 전쟁할 때 쓴 무기와 갑옷도 전시해놓았다. '알록달록 고운 우리 옷' 전시실에서 옛날 옷을 직접 입어볼 수 있다.

**아래와 같은 방법으로 글마중을 읽어 보세요.**

① 선생님을 따라서 알맞게 끊어서 읽어 보세요.
② 혼자 소리 내어 읽어 보세요.

 **글마중을 읽으며 알맞은 곳에 '끊어 읽기 표시(∨)'를 해 보세요.**

〈예시〉 박물관 관람은∨아침  9시부터∨할  수  있다.

국립중앙박물관은∨서울 용산구에∨있다. ∨박물관 관람은∨아침 9시부터 할 수 있고, ∨관람료는 무료이다. ∨매주 월요일은∨ 박물관 휴관일이다. ∨

국립중앙박물관에는  어린이박물관이  따로  있다. 어린이박물관에는 옛날 사람들이 살던 집과 옛날에 쓰던 그릇이 전시되어 있다. 옛날 사람들이 농사 지을 때 쓰던 도구도 있다. 전쟁할 때 쓴 무기와 갑옷도 전시해놓았다. '알록달록 고운 우리 옷' 전시실에서 옛날 옷을 직접 입어볼 수 있다.

다음 글을 읽고 알맞은 답을 고르거나 쓰세요.

국립중앙박물관은 서울 용산구에 있다. 박물관 관람은 아침 9시부터 할 수 있고, 관람료는 무료이다. 매주 월요일은 박물관 휴관일이다.

1. 무엇에 대한 설명인가요?

2. 국립중앙박물관은 어디에 있나요? ................ (        )

   ① 서울 동대문구          ② 서울 양천구
   ③ 서울 용산구            ④ 경기도 수원시

3. 국립중앙박물관은 몇 시에 문을 여나요? ........ (        )

   ① 아침 7시              ② 아침 9시
   ③ 저녁 5시              ④ 저녁 9시

4. 박물관에 들어가려면 얼마가 필요한가요? ........ (        )

   ① 1,000원              ② 돈을 내지 않는다.
   ③ 2,000원              ④ 3,000원

5. 박물관에 갈 수 없는 날은 언제인가요?

   매주

**다음 글을 읽고 알맞은 답을 고르거나 쓰세요.**

국립중앙박물관에는 어린이박물관이 따로 있다. 어린이박물관에는 옛날 사람들이 살던 집과 옛날에 쓰던 그릇이 전시되어 있다. 옛날 사람들이 농사 지을 때 쓰던 도구도 있다. 전쟁할 때 쓴 무기와 갑옷도 전시해놓았다. '알록달록 고운 우리 옷' 전시실에서 옛날 옷을 직접 입어볼 수 있다.

1. 국립중앙박물관 안에는 어떤 박물관이 있나요? … (      )

　① 아기박물관　　　　　　② 어린이박물관
　③ 청소년박물관　　　　　④ 어른박물관

2. 어린이박물관에 전시되어 있지 <u>않은</u> 것은 무엇인가요?(      )
　① 옛날 사람들이 공부할 때 쓰던 도구
　② 옛날 사람들이 농사 지을 때 쓰던 도구
　③ 옛날 사람들이 전쟁할 때 사용한 무기
　④ 옛날 사람들이 살던 집과 쓰던 그릇

3. 어린이박물관에서 할 수 있는 일을 골라 보세요. (    ,    )
　① 옛날 사람들이 먹던 음식을 맛볼 수 있다.
　② 옛날 집을 볼 수 있다.
　③ 알록달록 고운 우리 옷을 입어 볼 수 있다.
　④ 전쟁 무기를 사용해 볼 수 있다.

**다음 글을 읽고 알맞은 답을 고르거나 쓰세요.**

　　국립중앙박물관은 서울 용산구에 있다. 박물관 관람은 아침 9시부터 할 수 있고, 관람료는 무료이다. 매주 월요일은 박물관 휴관일이다.
　　국립중앙박물관에는 어린이박물관이 따로 있다. 어린이박물관에는 옛날 사람들이 살던 집과 옛날에 쓰던 그릇이 전시되어 있다. 옛날 사람들이 농사 지을 때 쓰던 도구도 있다. 전쟁할 때 쓴 무기와 갑옷도 전시해놓았다. '알록달록 고운 우리 옷' 전시실에서 옛날 옷을 직접 입어볼 수 있다.

1. 다음 문장을 읽고 바른 설명이면 ○, 틀린 설명이면 X를 하세요.

| | |
|---|---|
| 국립중앙박물관 관람은 아침 9시부터 할 수 있다. | |
| 매주 일요일은 박물관 휴관일이다. | |
| 어린이박물관에서는 우리 전통 옷을 입어 볼 수 있다. | |

2. 다음 중 국립중앙박물관이 문을 여는 날은 언제인가요? (　　)

　　① 첫째 주 월요일　　　　② 둘째 주 월요일
　　③ 셋째 주 월요일　　　　④ 넷째 주 수요일

3. 국립중앙박물관의 어린이박물관에서 볼 수 있는 것을 ○ 하세요.

| | |
|---|---|
| 옛날 집과 오늘 집의 모습 | |
| 요즘 사람들이 타는 자동차 | |
| 옛날 사람들이 농사 지을 때 쓰던 도구 | |

**문화공간을 알아봅시다.**

| <br>박물관 | 옛날 물건이나 예술 작품 등을 모아<br>보관하고 사람들에게 보여주는 곳<br>(민속박물관, 도자기박물관, 자연사박물관 등) |
| --- | --- |
| <br>도서관 | 책과 여러 가지 자료를 모아둔 곳<br>책을 보거나 빌려 갈 수 있음 |
| <br>미술관 | 그림, 조각 등의 미술품을 전시하고<br>사람들에게 보여주는 곳<br>(광주시립미술관, 국립현대미술관 등) |

**다음을 읽고 알맞은 장소를 골라 보세요.**

1. 재미있는 책을 빌려 보고 싶어요. 어디로 가야 할까요?

　⇒ ( 박물관,　도서관,　미술관 )

2. 그림 전시회를 보고 싶어요. 어디로 가야 할까요?

　⇒ ( 박물관,　도서관,　미술관 )

3. 사람들이 옛날에 쓰던 물건을 보고 싶어요. 어디로 가야 할까요?

　⇒ ( 박물관,　도서관,　미술관 )

**문화공간과 관련된 낱말을 알아봅시다.**

**관람 :** 그림, 영화, 공연 등을 구경함

⇨ 우리 미술관 관람은 저녁 6시까지입니다.

**휴관 :** 박물관, 미술관, 도서관 등이 쉼

⇨ 매주 화요일은 광진도서관 휴관일입니다.

**전시 :** 작품을 한 곳에 모아놓고 사람들에게 보여줌

⇨ 만화의 역사에 대한 사진 전시가 재미있었어요.

**문장을 읽고 빈칸에 들어갈 낱말을 〈보기〉에서 찾아 쓰세요.**

1. 매주 월요일은 박물관 [          ] 일입니다.

2. 영화를 [          ] 하러 극장에 가요.

3. 이번 [          ] 는 6월 20일까지입니다.

〈보기〉   전시회   관람   박물관   휴관   도서관

전시회 포스터를 살펴보고 무엇을 나타내는지 〈보기〉에서 골라 써 보세요.

〈보기〉    전시회 날짜와 장소  ,   전시회 제목

뽐내기

 내가 하고 싶은 전시회에 대해 선생님, 친구들과 이야기를 나눠보고 포스터를 꾸며 보세요. 가운데는 전시회를 알리는 그림이나 사진이 들어가면 됩니다. (음식, 연예인, 운동선수, 만화캐릭터 등 여러 가지 주제로 할 수 있어요.)

날짜:

장소:

# 전주

　전주는 전라북도에 있는 도시입니다. 전주에는 우리나라 전통 한옥이 많습니다. 한옥마을에 가면 오래된 집을 볼 수 있습니다. 전주 음식으로는 비빔밥과 콩나물국밥이 유명합니다. 10월에 한옥마을 근처에서 전주비빔밥축제를 합니다.

　매년 4월 말에서 5월 초에 전주국제영화제가 열립니다. 전주영화제는 우리나라에서 두 번째로 큰 영화제입니다. 영화제 기간에는 평소보다 더 많은 사람들이 전주에 옵니다.

월        일        요일        확인

 우리나라 지도를 보고 전주시가 있는 '전라북도'를 찾아서
○ 하세요.

 글마중을 읽고 전주와 관련있는 것에 ○ 하세요.

| 비빔밥 | 돌하르방 | 한옥마을 | 영화제 | 해운대 |
|---|---|---|---|---|
|  |  |  |  |  |

**다음 글을 읽고 알맞은 답을 고르거나 쓰세요.**

전주는 전라북도에 있는 도시입니다. 전주에는 우리나라 전통 한옥이 많습니다. 한옥마을에 가면 오래된 집을 볼 수 있습니다. 전주 음식으로는 비빔밥과 콩나물국밥이 유명합니다. 10월에 한옥마을 근처에서 전주비빔밥축제를 합니다.

1. 전주는 어디에 있는 도시인가요? —————————— (          )

    ① 경기도              ② 강원도
    ③ 전라북도            ④ 전라남도

2. 어디에 가면 우리나라의 오래된 집을 볼 수 있나요?

    ┌─────────────────┐
    │                 │
    │                 │
    └─────────────────┘

3. 전주 음식 중 무엇이 유명한가요? ——— (          ,          )

    ① 비빔밥              ② 볶음밥
    ③ 고등어구이          ④ 콩나물국밥

4. 10월에 한옥마을 근처에서 열리는 축제 이름은 무엇인가요?

    ┌─────────────────────┐
    │                     │
    │                     │
    └─────────────────────┘

**다음 글을 읽고 알맞은 답을 고르거나 쓰세요.**

　매년 4월 말에서 5월 초에 전주국제영화제가 열립니다. 전주영화제는 우리나라에서 두 번째로 큰 영화제입니다. 영화제 기간에는 평소보다 더 많은 사람들이 전주에 옵니다.

1. 전주영화제는 언제 열리나요? ⋯⋯⋯⋯⋯⋯⋯⋯ (　　　　)

　① 3월 말~4월 초　　　② 4월 말~5월 초
　③ 5월 말~6월 초　　　④ 6월 말~7월 초

2. 전주영화제는 우리나라에서 몇 번째로 큰 영화제인가요?(　　)

　① 첫 번째　　　　　　② 두 번째
　③ 세 번째　　　　　　④ 네 번째

3. 영화제 기간에 사람들이 왜 많이 올까요? ⋯⋯⋯⋯ (　　　　)
　① 휴가를 보내기 위해서
　② 드라마를 보기 위해서
　③ 영화를 보기 위해서
　④ 캠핑을 하기 위해서

4. 이 글은 무엇에 대해 설명하고 있나요?
　전주에서 해마다 [　　　　　　　　] 가 열린다.

**다음 글을 읽고 알맞은 답을 고르거나 쓰세요.**

전주는 전라북도에 있는 도시입니다. 전주에는 우리나라 전통 한옥이 많습니다. 한옥마을에 가면 오래된 집을 볼 수 있습니다. 전주 음식으로는 비빔밥과 콩나물국밥이 유명합니다. 10월에 한옥마을 근처에서 전주비빔밥축제를 합니다.

매년 4월 말에서 5월 초에 전주국제영화제가 열립니다. 전주영화제는 우리나라에서 두 번째로 큰 영화제입니다. 영화제 기간에는 평소보다 더 많은 사람들이 전주에 옵니다.

1. 어떤 도시에 대한 설명인가요?

2. 다음 문장을 읽고 바른 설명이면 ○, 틀린 설명이면 X를 하세요.

| | |
|---|---|
| 전주는 경상북도에 있는 도시이다. | |
| 한옥마을에 가면 오래된 집이 많이 있다. | |
| 볶음밥과 콩나물국밥은 전주의 유명한 음식이다. | |

3. 전주에서 봄에 열리는 영화제, 가을에 열리는 축제의 이름을 써 보세요.

봄 :

가을 :

 우리나라 각 지역의 이름을 알아봅시다.

서울특별시

서울

강원도

인천

경기도

인천광역시

대전광역시

충청북도

충청남도

경상북도

대전

대구광역시

전라북도

대구

광주광역시

광주

울산

경상남도

부산

울산광역시

전라남도

부산광역시

제주도

 위 지도를 보고 자신이 사는 곳을 찾아 써 보세요.

나는 [          ]에 삽니다.

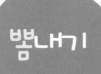

월          일          요일     확인

 **내가 사는 곳의 자랑거리를 찾아 써 보세요.**

〈예시〉  - 우리 동네는 감자가 유명해요.
        - 우리 동네에 오래된 느티나무가 있어요.
        - 우리 동네에 좋은 도서관과 공원이 있어요.
        - 우리 동네에 시장이 많아요.

3단계 1권 | 실용글, 설명글

# 유재석

　유재석은 20여 년 전에 방송에 나오기 시작했다. 예전에는 그냥 평범한 개그맨이었다. 하지만 열심히 노력해서 지금은 아주 유명한 진행자가 되었다. 유재석은 〈무한도전〉, 〈해피투게더3〉, 〈런닝맨〉 등의 프로그램에 나온다.

　유재석은 사람들을 편안하게 해주는 장점이 있다. 진행자로서 다른 사람 말을 잘 들어준다. 무엇이든 열심히 하는 성실한 성격이기도 하다. 유재석은 얼굴 생김새가 메뚜기와 비슷해서 '메뚜기'라는 별명이 있다.

**아래와 같은 방법으로 글마중을 읽어 보세요.**

① 끊어 읽기에 주의하며 선생님을 따라 읽어 보세요.
② 혼자 소리 내어 읽어 보세요.

 **글마중을 읽고 유재석을 소개하는 카드를 써 보세요.**

"유재석은
이런 사람입니다."

• 하는 일:
• 성격: 성실하다
• 별명:
• 출연 중인 프로그램 :

**다음 글을 읽고 알맞은 답을 고르거나 쓰세요.**

유재석은 20여 년 전에 방송에 나오기 시작했다. 예전에는 그냥 평범한 개그맨이었다. 하지만 열심히 노력해서 지금은 아주 유명한 진행자가 되었다. 유재석은 〈무한도전〉, 〈해피투게더3〉, 〈런닝맨〉 등의 프로그램에 나온다.

1. 유재석은 예전에 어떤 사람이었나요? ·················· (          )

　　① 평범한 개그맨　　　　② 평범한 가수
　　③ 유명한 운동선수　　　④ 유명한 연기자

2. 지금 유재석은 어떤 사람이 되었나요?

　　아주 유명한 [                    ] 가 되었다.

3. 유재석이 나오는 프로그램이 <u>아닌</u> 것은 무엇인가요? (          )

　　① 무한도전　　　　　　② 해피하우스
　　③ 런닝맨　　　　　　　④ 해피투게더

4. 유재석에 대한 설명으로 맞는 것은 무엇인가요? (          )

　　① 유재석은 2년 전에 방송에 나오기 시작했다.

　　② 유재석은 처음부터 유명한 진행자였다.

　　③ 유재석이 나오는 프로그램은 하나뿐이다.

　　④ 유재석은 오랫동안 방송일을 하며 열심히 노력했다.

**다음 글을 읽고 알맞은 답을 고르거나 쓰세요.**

유재석은 사람들을 편안하게 해주는 장점이 있다. 진행자로서 다른 사람 말을 잘 들어준다. 무엇이든 열심히 하는 성실한 성격이기도 하다. 유재석은 얼굴 생김새가 메뚜기와 닮아서 '메뚜기'라는 별명이 있다.

1. 방송에서 유재석은 어떤 일을 하나요? ················· (          )

   ① 작가        ② 연기자        ③ 시청자        ④ 진행자

2. 이 글에 나온 유재석의 별명은 무엇인가요?

   [                    ]

3. 유재석의 성격에 대한 설명으로 <u>틀린</u> 것을 고르세요. (          )

   ① 사람들을 편안하게 해준다.

   ② 자기만 생각한다.

   ③ 성실한 성격이다.

   ④ 다른 사람의 말을 잘 듣는다.

4. 내가 좋아하는 연예인 이름과 무엇을 하는 사람인지 써 보세요.

   [                    ] , [                    ]

이야기
돋보기

 **다음 글을 읽고 알맞은 답을 고르거나 쓰세요.**

　유재석은 20여 년 전에 방송에 나오기 시작했다. 예전에는 그냥 평범한 개그맨이었다. 하지만 열심히 노력해서 지금은 아주 유명한 진행자가 되었다. 유재석은 〈무한도전〉, 〈해피투게더3〉, 〈런닝맨〉 등의 프로그램에 나온다.

　유재석은 사람들을 편안하게 해주는 장점이 있다. 진행자로서 다른 사람 말을 잘 들어준다. 무엇이든 열심히 하는 성실한 성격이기도 하다. 유재석은 얼굴 생김새가 메뚜기와 비슷해서 '메뚜기'라는 별명이 있다.

1. 누구에 대해 설명하는 글인가요?

2. 다음 문장을 읽고 바른 설명이면 ○, 틀린 설명이면 X를 하세요.

| 유재석은 유명한 가수이다. | |
| --- | --- |
| 유재석은 성실한 성격이다. | |
| 유재석에게는 메뚜기라는 별명이 있다. | |
| 유재석은 사람들을 불편하게 한다. | |

3. 유재석이 나오는 TV 프로그램 중 2가지를 써 보세요.

　　　　　　　　　　　　　　　，

텔레비전에 나오는 사람들의 직업을 알아봅시다.

개그맨 → 말이나 몸짓으로 즐겁게 해주는 사람

배우 → 영화나 드라마에서 연기를 하는 사람

가수 → 노래 부르기를 직업으로 하는 사람

앵커 → 뉴스를 진행하는 사람

리포터 → 현장에 직접 가서 알아낸 소식을 방송에 전해
주는 사람

 아이들의 대화를 읽어보고 빈칸에 맞는 직업을 써 보세요.

 어제 영화를 봤는데 _____가 진짜 멋지더라.

 난 가요 프로를 봤는데 내가 좋아하는 _____가
나왔어.

 어떤 _____가 우리 동네 맛집 취재하는 거 봤니?

 뉴스에 나와서 진행하는 사람을 _____라고 한대.

 개그콘서트에 나오는 _____은 웃긴 말을
진짜 잘하는 것 같아.

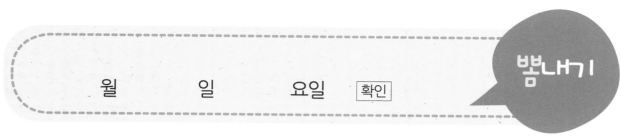

 나의 가족 중 한 사람을 골라 소개하는 카드를 만들어 보세요.
그리고 그 사람의 얼굴을 그리거나 사진을 붙여 주세요.

" [              ] 은(는) 이런 사람입니다."

- 생김새:

- 잘하는 것:

- 좋아하는 것:

- [              ] :

 카드에 쓴 내용을 바탕으로 소개하는 글을 써 보세요.

# 해를 바라보는 꽃

　해바라기를 본 적이 있나요? 해바라기는 국화과의 꽃으로 일 년만 사는 한해살이풀입니다. 해를 바라 보고 핀다는 뜻에서 해바라기라는 이름이 붙었습니다. 해바라기는 8~9월 무렵에 꽃이 피며, 우리나라 곳곳에서 볼 수 있습니다.

　해바라기가 다 자라면 키가 2~3m에 이릅니다. 노란색 꽃잎이 둥근 모양을 이루고 있습니다. 꽃 가운데에는 씨가 가득 달리는데 고소하고 영양분이 많습니다. 해바라기 씨는 그냥 먹기도 하고 식용유로 만들기도 합니다.

월        일        요일    확인

 글마중을 읽고 빈칸을 채워 보세요.

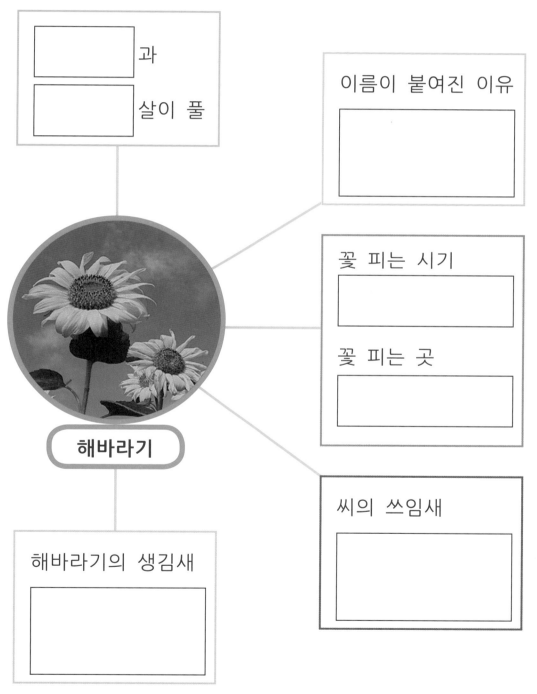

과

살이 풀

이름이 붙여진 이유

꽃 피는 시기

꽃 피는 곳

씨의 쓰임새

해바라기

해바라기의 생김새

**다음 글을 읽고 알맞은 답을 고르거나 쓰세요.**

　해바라기를 본 적이 있나요? 해바라기는 국화과의 꽃으로 일년만 사는 한해살이풀입니다. 해를 바라보고 핀다는 뜻에서 해바라기라는 이름이 붙었습니다. 해바라기는 8~9월 무렵에 꽃이 피며, 우리나라 곳곳에서 볼 수 있습니다.

1. 이 글은 무엇에 관한 설명인가요?

2. 다음 문장을 읽고 바른 설명이면 ○, 틀린 설명이면 X를 하세요.

| | |
|---|---|
| 해바라기는 국화과의 꽃이다. | |
| 해바라기는 일 년만 사는 한해살이풀이다. | |
| 해바라기는 5~6월에 꽃이 핀다. | |
| 해바라기는 제주도에서만 자란다. | |

3. 해바라기라는 이름은 왜 붙여졌나요? ⋯⋯⋯⋯⋯⋯ (　　　　)

　① 바닷가에 피어서

　② 해를 바라보고 피어서

　③ 해바라기 씨가 맛있어서

　④ 해당화와 비슷하게 생겨서

**다음 글을 읽고 알맞은 답을 고르거나 쓰세요.**

해바라기가 다 자라면 키가 2~3m에 이릅니다. 노란색 꽃잎이 둥근 모양을 이루고 있습니다. 꽃 가운데에는 씨가 가득 달리는데 고소하고 영양분이 많습니다. 해바라기 씨는 그냥 먹기도 하고 식용유로 만들기도 합니다.

1. 해바라기는 다 자라면 얼마나 크나요? ·················· (          )

   ① 10m 이상   ② 1m 이하   ③ 2~3m   ④ 5cm

2. 해바라기 생김새를 맞게 설명한 것을 고르세요. (      ,      )

   ① 분홍색 꽃이 핀다.           ② 키가 아주 작다.

   ③ 노란색 꽃잎이 둥근 모양을 이룬다.

   ④ 꽃 가운데에 해바라기 씨가 가득 달린다.

3. 해바라기 씨에 대한 설명으로 맞는 것을 고르세요. (      ,      )

   ① 영양분이 적다.           ② 맛이 고소하다.
   ③ 맛이 쓰다.              ④ 영양분이 많다.

4. 해바라기 씨의 쓰임으로 맞는 것을 고르세요. (      ,      )

   ① 식용유를 만든다.         ② 맛이 고소하다.
   ③ 씨를 그냥 먹는다.        ④ 바구니를 만든다.

**다음 글을 읽고 알맞은 답을 고르거나 쓰세요.**

해바라기를 본 적이 있나요? 해바라기는 국화과의 꽃으로 일 년만 사는 한해살이풀입니다. 해를 바라보고 핀다는 뜻에서 해바라기라는 이름이 붙었습니다. 해바라기는 8~9월 무렵에 꽃이 피며, 우리나라 곳곳에서 볼 수 있습니다.

해바라기가 다 자라면 키가 2~3m에 이릅니다. 노란색 꽃잎이 둥근 모양을 이루고 있습니다. 꽃 가운데에는 씨가 가득 달리는 데 고소하고 영양분이 많습니다. 해바라기 씨는 그냥 먹기도 하고 식용유로 만들기도 합니다.

1. 무엇을 설명하는 글인가요?

2. 다음 문장을 읽고 바른 설명이면 ○, 틀린 설명이면 X를 하세요.

| | |
|---|---|
| 해바라기는 국화과의 한해살이풀이다. | |
| 해바라기는 해를 바라보고 핀다고 해서 붙여진 이름이다. | |
| 해바라기 꽃은 10~11월에 피며 노란색이다. | |
| 해바라기 씨는 식용유로만 만들어 먹는다. | |

3. 해바라기 생김새를 설명해 보세요.

해바라기는

 내가 좋아하는 꽃은 무엇인가요? 좋아하는 꽃의 사진을 붙이거나 그림을 그리고 꽃을 소개하는 글을 써 보세요.

# 공룡 이야기

아주 오래전 지구에 공룡이 살았다. 공룡은 몸집이 굉장히 큰 파충류*이다. 동물을 먹는 육식공룡과 식물을 먹는 초식공룡이 있었다.

육식공룡 중 가장 유명한 것은 티라노사우루스이다. 티라노사우루스는 '난폭한 도마뱀'을 뜻하는데 매우 무섭고 사나운 공룡이었다. 날카로운 이빨을 갖고 두 발로 뛰어다니며 다른 공룡을 공격했다.

초식공룡 중에는 트리케라톱스가 유명하다. 트리케라톱스는 '세 개의 뿔이 있는 얼굴'이라는 뜻이다. 트리케라톱스 코와 눈 위에 커다란 뿔이 있는데, 이 뿔로 육식공룡의 공격을 막았다고 한다.

★파충류: 동물의 한 종류를 뜻한다. 공룡뿐만 아니라 뱀, 도마뱀, 악어, 거북 등이 파충류이다.

**글마중을 읽으며 알맞은 곳에 '끊어 읽기 표시(∨)'를 해 보세요.**

〈예시〉 아주 오래전∨지구에∨공룡이 살았다.

아주 오래전∨지구에∨공룡이 살았다.∨공룡은∨몸집이∨굉장히 큰∨파충류이다.∨동물을 먹는 육식공룡과 식물을 먹는 초식공룡이 있었다.

육식공룡 중 가장 유명한 것은 티라노사우루스이다. 티라노사우루스는 '난폭한 도마뱀'을 뜻하는데 매우 무섭고 사나운 공룡이었다. 날카로운 이빨을 갖고 두 발로 뛰어다니며 다른 공룡을 공격했다.

초식공룡 중에는 트리케라톱스가 유명하다. 트리케라톱스는 '세 개의 뿔이 있는 얼굴'이라는 뜻이다. 트리케라톱스 코와 눈 위에 커다란 뿔이 있는데, 이 뿔로 육식공룡의 공격을 막았다고 한다.

 **글마중의 내용에 따라 빈칸에 알맞은 답을 써 보세요.**

다음 글을 읽고 알맞은 답을 고르거나 쓰세요.

아주 오래전 지구에 공룡이 살았다. 공룡은 몸집이 굉장히 큰 파충류이다. 동물을 먹는 육식공룡과 식물을 먹는 초식공룡이 있었다.

1. 무엇에 대한 설명인가요? ☐

2. 공룡은 어떤 종류의 동물인가요? ……………… (        )

    ① 조류               ② 어류
    ③ 파충류             ④ 포유류

3. 공룡에 대한 설명 중에 <u>틀린</u> 것은 무엇인가요? … (        )

    ① 공룡은 아주 오래전에 살았다.

    ② 공룡은 몸집이 매우 작다.

    ③ 육식공룡은 동물을 먹었다.

    ④ 초식공룡은 식물을 먹었다.

공룡은 ☐ 을 먹는 육식공룡과 ☐ 을 먹는

초식공룡이 있다.

월        일        요일    확인

 **다음 글을 읽고 알맞은 답을 고르거나 쓰세요.**

육식공룡 중 가장 유명한 것은 티라노사우루스이다. 티라노사우루스는 '난폭한 도마뱀'을 뜻하는데 매우 무섭고 사나운 공룡이었다. 날카로운 이빨을 갖고 두 발로 뛰어다니며 다른 공룡을 공격했다.

1. 육식공룡 중 가장 유명한 공룡 이름은 무엇인가요?

2. '티라노사우루스'는 어떤 뜻인가요? ............... (          )

　① 상냥한 도마뱀　　　　② 무서운 개구리
　③ 난폭한 도마뱀　　　　④ 난폭한 개구리

3. 티라노사우루스 성격은 어떤가요? ............... (          )

　① 부드럽고 착하다.　　　② 무섭고 사납다.
　③ 밝고 활기차다.　　　　④ 영리하고 재미있다.

4. 티라노사우루스에 대한 설명 중 <u>틀린</u> 것을 고르세요. (          )

　① 동물을 먹는다.　　　　② 무서운 공룡이다.
　③ 이빨이 날카롭다.　　　④ 네 발로 다닌다.

티라노사우루스는 [                    ]을 뜻한다.

**다음 글을 읽고 알맞은 답을 고르거나 쓰세요.**

초식공룡 중에는 트리케라톱스가 유명하다. 트리케라톱스는 '세 개의 뿔이 있는 얼굴'이라는 뜻이다. 트리케라톱스 코와 눈 위에 커다란 뿔이 있는데, 이 뿔로 육식공룡의 공격을 막았다고 한다.

1. 초식공룡 중 가장 유명한 공룡 이름은 무엇인가요?

2. '트리케라톱스'는 어떤 뜻인가요? ─────── (          )

   ① 세 개의 뿔이 있는 얼굴     ② 한 개의 뿔이 있는 얼굴
   ③ 세 개의 점이 있는 얼굴     ④ 힘이 아주 세다.

3. 트리케라톱스의 몸에서 뿔이 있는 곳을 두 군데 고르세요.
   ─────────────── (        ,        )

   ① 코          ② 입 아래        ③ 눈 위          ④ 뺨

4. 트리케라톱스에 대한 설명으로 맞는 것을 고르세요. (          )

   ① 육식공룡이다.              ② 식물을 먹는다.
   ③ 얼굴에 뿔이 두 개 있다.     ④ 발로 공격을 막는다.

트리케라톱스는 [                    ]을 뜻한다.

**다음 글을 읽고 알맞은 답을 고르거나 쓰세요.**

　아주 오래전 지구에 공룡이 살았다. 공룡은 몸집이 굉장히 큰 파충류이다. 동물을 먹는 육식공룡과 식물을 먹는 초식공룡이 있었다.

　육식공룡 중 가장 유명한 것은 티라노사우루스이다. 티라노사우루스는 '난폭한 도마뱀'을 뜻하는데 매우 무섭고 사나운 공룡이었다. 날카로운 이빨을 갖고 두 발로 뛰어다니며 다른 공룡을 공격했다.

　초식공룡 중에는 트리케라톱스가 유명하다. 트리케라톱스는 '세 개의 뿔이 있는 얼굴'이라는 뜻이다. 트리케라톱스 코와 눈 위에 커다란 뿔이 있는데, 이 뿔로 육식공룡의 공격을 막았다고 한다.

1. 다음 문장을 읽고 바른 설명이면 ○, 틀린 설명이면 X를 하세요.

| 티라노사우루스는 상냥한 공룡이었다. | |
| --- | --- |
| 트리케라톱스는 코와 눈 위에 뿔이 있다. | |

2. 티라노사우루스는 '⬚⬚⬚⬚⬚⬚⬚⬚⬚⬚'이라는 뜻이다.

3. 트리케라톱스는 '⬚ 개의 ⬚ 이 있는 얼굴'이라는 뜻이다.

4. 공룡의 이름과 먹이의 종류를 바르게 연결해 보세요.

트리케라톱스　●　　　　●　식물

티라노사우루스　●　　　　●　동물

초식동물과 육식동물에 대해 알아봅시다.

초식동물 → 식물(나뭇잎, 풀, 과일)을 먹고 사는 동물
⇒ 토끼, 소, 기린, 말, 코끼리 등

육식동물 → 다른 동물을 먹고 사는 동물
⇒ 호랑이, 사자, 곰, 늑대, 독수리 등

<보기>의 동물들을 초식동물과 육식동물로 나누어 써 보세요.

<보기>  곰  기린  늑대  사자  소  독수리  말  코끼리

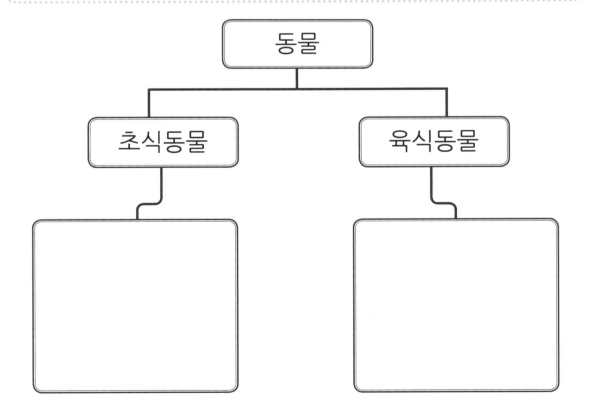

 찰흙이나 지점토로 공룡을 만들어 보세요.

|  | | | |
|---|---|---|---|
| 티라노사우루스 | 알로사우르스 | 트리케라톱스 | 스테고사우루스 |

 내가 만든 공룡을 소개해 주세요.

**풀이말을 꾸며주는 말을 알아봅시다.**

아이가 (환하게) 웃었다.

케이크를 (맛있게) 먹었다.

마당을 (깨끗이) 청소해라.

누가 (시끄럽게) 떠드니?

풀이말을 꾸며주는 말은 어떻게 했는지 자세히 설명하는 말로 풀이말 앞에 씁니다.

(신나게) 춤췄다.
**꾸밈말**

(빨리) 뛰어라.
**꾸밈말**

**선생님께 한마디** 꾸밈말(수식언)에는 관형어와 부사어가 있습니다. 부사어는 주로 용언(동사, 형용사)을 꾸며주는 역할을 하며 '어떻게'에 해당하는 부분입니다(예: 얼른, 그래서, 저기로, 조용하게). 여기서는 주로 용언의 어간에 '~이', '~게'가 붙은 부사어와 부사를 다룹니다. 문장성분이나 용어를 익히는 것보다 문장구조에 맞게 쓰는 것이 목표이니 학생들의 연령이나 능력에 따라 '꾸밈말' 대신 '어떻게'에 해당되는 부분이라고 설명해주어도 좋습니다.

월          일          요일      확인

 **그림을 보고 꾸밈말을 〈보기〉에서 찾아 써 보세요.**

우리는 <u>늦게</u> 도착했다.
꾸밈말          ↑

'어떻게'에 해당하는 꾸밈말을 넣어 내용을 자세하게 표현합니다.

쓰레기를 _____ 치웠다.

밥을 _____ 태웠다.

찌개를 _____ 끓여 볼까?

노래를 _____ 불러라.

대답을 _____ 하세요.

친구와 _____ 지내라.

〈보기〉    우렁차게      맛있게      까맣게      깨끗이
             아름답게      사이좋게      조그맣게

**<보기>에서 알맞은 말을 골라 문장을 써 보세요.**

1. 슈퍼마켓에 [      ] 갔다 오너라.

2. 네가 맡은 일을 [      ] 끝내야지.

3. 내가 [      ] 도착해야지.

4. 고개를 [      ] 숙였다.

5. 밥을 [      ] 먹어서 체했다.

6. 소나기 때문에 [      ] 젖었다.

7. 현장학습을 [      ] 다녀왔다.

8. 발표회 준비를 [      ] 했다.

<보기>

많이        얼른        흠뻑        푹        제대로

먼저        열심히        멀리        모두

월        일        요일   [확인]

 그림을 보고 순서에 맞게 단어를 골라 쓰세요.

 개미는    열심히    일합니다.
　　　　　임자말　　　꾸밈말　　　풀이말

풀이말을 꾸며주는 말은 풀이말 앞에 씁니다.

| | | |
|---|---|---|
| | ＿＿＿＿＿ ＿＿＿＿＿ 놉니다. | 베짱이는<br>신나게<br>놉니다 |
| | ＿＿＿＿ ＿＿＿＿ ＿＿＿＿. | 자동차가<br>달려갑니다<br>빠르게 |
| | ＿＿＿＿ ＿＿＿＿ ＿＿＿＿. | 썰매를<br>탔습니다<br>재미있게 |
| | ＿＿＿ ＿＿＿ ＿＿＿. | 던졌습니다<br>세게<br>눈을 |
| | ＿＿＿ ＿＿＿ ＿＿＿. | 신발을<br>정리해요<br>깨끗하게 |
| | 책가방을 ＿＿＿＿ ＿＿＿＿. | 쌉니다<br>책가방을<br>스스로 |

선생님께 한마디　제시된 문제의 문장 형태가 '임자말＋꾸밈말＋풀이말', '부림말＋꾸밈말＋풀이말' 두 가지입니다. 꾸밈말(부사어)을 풀이말 앞에 쓰는 것이 원칙이지만, 꾸밈말을 부림말 앞에 써도 괜찮은 경우가 있습니다(예: 스스로 책가방을 쌉니다). '꾸밈말＋부림말＋풀이말'의 순서로 써도 틀린 게 아니라고 알려주세요

앞에 있는 꾸밈말을 넣어 문장을 만들어 보세요.

| | |
|---|---|
| 멋지게 | ⇨ 멋지게 차려입고 어디 가세요? |
| 아프게 | ⇨ 장난인데 아프게 _____ |
| 시끄럽게 | ⇨ |
| 빨리 | ⇨ |
| 천천히 | ⇨ |
| 힘차게 | ⇨ |
| 멀리 | ⇨ |
| 조그맣게 | ⇨ |

**<보기>에서 알맞은 낱말을 골라 문장을 완성하세요.**

| 낡은 | 창문이 | 덜컹덜컹 | 흔들렸다. |
|---|---|---|---|
| 꾸밈말 | | 흉내 내는 말 | |

|  | 아기가 |  | 웃는다. |
|---|---|---|---|

|  | 김이 |  | 난다. |
|---|---|---|---|

|  | 꽃이 |  | 피었다. |
|---|---|---|---|

|  | 사과가 |  | 담겼다. |
|---|---|---|---|

|  | 케이크를 |  | 먹었다. |
|---|---|---|---|

<보기>

뜨거운  귀여운  빨간  아름다운  맛있는  차가운
모락모락  활짝  방긋방긋  냠냠  차곡차곡  새근새근

아래의 낱말을 순서대로 골라 문장을 쓰세요.

| | |
|---|---|
| | <u>부지런한</u>   <u>사람은</u>   <u>열심히</u>   <u>운동한다.</u> |
| | 사람은    부지런한    운동한다.    열심히 |
| | _____ _____ _____ _____ |
| | 사과를    빨간    맛있게    먹었다. |
| | _____ _____ _____ _____ |
| | 조심스럽게    마셨다.    차를    뜨거운 |
| | _____ _____ _____ _____ |
| | 뽑았다.    길게    쫄깃한    면을 |
| | _____ _____ _____ _____ |
| | 빠르게    돌아갔다.    바람개비는    알록달록한 |
| | _____ _____ _____ _____ |
| | 울었다.    슬프게    아이는    다친 |

<보기>에서 알맞은 낱말을 골라 써 보세요.

1. | 아픈 | 사람은 | 얼른 | 가세요.

2. | | 도넛이 | 정말 | 맛있었다.

3. | 달콤한 | 케이크를 | | 먹었다.

4. | | 어린이는 | | 정리해요.

5. | | 바람이 | | 불었다.

6. | | 햇살이 | | 내리쬐었다.

7. | | 카트에 | | 담았다.

8. | | 음식을 | | 먹었다.

<보기>

| 아픈 | 달콤한 | 맛있게 | 착한 | 얼른 | 동그란 |
| 쌩쌩 | 깨끗이 | 뜨거운 | 세찬 | 쨍쨍 | 정말 |
| 좋은 | 커다란 | 가득 | 많이 | 맛없는 | 겨우 |

## 우리말 약속

3단계 1권 | 실용글, 설명글

월          일          요일          확인

<보기>에서 알맞은 낱말을 골라 순서대로 써 보세요.

| 보기 | 문장 |
|------|------|
| 비오는<br>신나게 | 비오는 날에 신나게 놀았다.  |
| 재미있는<br>빨리 | 재미있는 책을 _____ _____ |
| 예쁜<br>천천히 | 예쁜 아기가 _____ _____ |
| 똑똑한<br>열심히 | 똑똑한 민지가 |
| 통통한<br>깨끗이 | |
| 긴<br>아름답게 | |
| 많은<br>우르르 | |
| 늦은<br>급하게 | |

좋아하는
공룡 이름을
써 보세요

좋아하는
책 제목을
써 보세요

좋아하는
음식을
써 보세요

마음대로
그려 보세요